LA FE DEL EMPRENDEDOR

Manuel López Torrents

Con prólogo del Prof. F. Xavier Mena

LA FE DEL EMPRENDEDOR

LID

MADRID | CIUDAD DE MÉXICO | BUENOS AIRES | BOGOTÁ
LONDRES | SHANGHÁI

Colección Acción Empresarial de LID Editorial
Editorial Almuzara S.L.
Parque Logístico de Córdoba, Ctra. Palma del Río, Km 4, Oficina 3
14005 Córdoba.
www.LIDeditorial.com
www.almuzaralibros.com

A member of:
BPR
businesspublishersroundtable.com

EAN-ISBN13: 978-84-10524-95-8
Directora editorial: Laura Madrigal
Editora de mesa: Paloma Albarracín
Corrección: Paloma Albarracín
Maquetación: www.produccioneditorial.com
Diseño de portada: Juan Ramón Batista
Impresión: Cofás, S.A.
Depósito legal: CO-1884-2024

Impreso en España / Printed in Spain

Primera edición: noviembre de 2024

Te escuchamos. Escríbenos con tus sugerencias, dudas, errores que veas o lo que tú quieras. Te contestaremos, seguro: *info@lidbusinessmedia.com*

Le dedico este libro a mi familia,
que ha sufrido mi ausencia, aun siendo
el motor de mi vida.

Emili Rousaud

Índice

Prólogo
Emili Rousaud, capitán de industria

El término *capitán de industria* fue acuñado por Thomas Carlyle en plena Revolución Industrial (1843). El historiador Jaume Vicens Vives (1958) utilizó esa calificación en su conferencia sobre *El capitán de industria español en los últimos 100 años*, para reconocer la figura del empresario y su contribución al progreso y bienestar social.

Emili Rousaud es un capitán de industria que se ha incorporado por méritos propios, mediante la creación y expansión de Factorenegia, a ese listado de empresarios que han contribuido a una sociedad mejor.

Emili Rousaud fue uno de mis alumnos más destacados en Esade Business School, en su histórico campus Pedralbes de Barcelona. Su promoción académica se compone de un extenso ramillete de emprendedores y ejecutivos en el ámbito corporativo de las finanzas, el gran consumo, la logística internacional, los medios de comunicación, la dirección de grupos deportivos globales, la gestión cultural, la producción intelectual, entre otras áreas.

Emili Rousaud forjó su voluntad perseverante desde sus años jóvenes, enfrentando situaciones de adversidad y superación de retos personales.

Como afirmara Thomas A. Edison (fundador de General Electric): «La genialidad es la expresión de un 2 % de inspiración y un 98 % de esfuerzo y sudor». Emili Rousaud afloró el imprescindible 2 % de inspiración cuando tuvo la visión de que «el aire que la sociedad necesita para respirar se compone de hidrógeno, oxígeno... y electricidad».

El sector eléctrico en España arrastraba décadas sometido a un *statu quo* inalterado, en que el Ministerio y los operadores fijaban la tarifa eléctrica a martillazos, expresión literal de la época. Emili Rousaud fue pionero en identificar las nuevas oportunidades que abría la liberalización del mercado mayorista eléctrico en España, con el acceso de terceros a la red (Ley 54/1997, de 27 de noviembre, del Sector Eléctrico). La publicación de la Ley 54/1997 en el Boletín Oficial del Estado (BOE) estaba a disposición *urbi et orbi* («A todos los que la presente vieren y entendieren», decía la ley en su encabezado), pero Emili Rousaud y sus socios (*family & friends*) tuvieron la visión y el arrojo que el resto no supimos ver y entender. Este es el gran mérito *ab initio* de Emili Rousaud. Una versión moderna y atrevida de David contra poderosos Goliats. ¡Vaya osadía!

Siempre se ha afirmado que vivimos en un mundo determinado por el efecto mariposa. Cualquier acontecimiento acaba afectando a las actividades más recónditas, antes o después, con mayor o menor intensidad. Esta circunstancia induce a estrategias adaptativas, reactivas, *ex post*. Emili Rousaud y sus socios se anticiparon de forma visionaria al funcionamiento distinto del mundo del siglo XXI. Ahora, la relación temporal entre las causas de un fenómeno y sus consecuencias sociales y económicas son inmediatas, debido a la tecnología y a la mayor predisposición al cambio de las generaciones nativas digitales. En el mundo actual, la anterior estrategia meramente adaptativa puede resultar perdedora. Hay más corredores y corren que vuelan, como aprendió Alicia en su país de las maravillas. Emili Rousaud y sus socios generaron su primera ventaja competitiva implementando una estrategia anticipatoria, proactiva, pionera.

Emili Rousaud tenía ya una carrera profesional bien orientada como ejecutivo de una multinacional, pero le corroía la ensoñación del espíritu emprendedor en su interior. Como a Henry Ford que, con casi cuarenta años cumplidos, abandonó su acomodada posición de ingeniero jefe en la Edison Illuminating (antecesora de General Electric), para protagonizar en persona los albores de la industria del automóvil con Ford Motor Company y su revolucionaria fabricación en cadena.

La pervivencia de una empresa en el tiempo exige de visión, iniciativa continuada, agilidad, flexibilidad, y mucha templanza. Cada día tiene su afán. *Carpe diem*, decía el poeta Horacio. Con esos principios y valores, Emili Rousaud se lanzó a un apasionante nuevo recorrido vital y profesional.

Los primeros años de Factorenergia confirmaron que, en materia de iniciativa empresarial, cabe distinguir a los emprendedores y los empreñadores. La Administración, más allá de la necesaria e imprescindible regulación (y recaudación impositiva), constituye una barrera de burocracia, trámites administrativos y «vuelva usted mañana».

Por otra parte, el emprendedor aporta la idea, la ilusión, el compromiso, pero requiere de los ineludibles *family, friends & fools* para hacer realidad su proyecto. Emili Rousaud siempre ha tenido la prudencia, por no decir el temor reverente, al endeudamiento. Por este motivo, el término *apalanca-miento* explicita que el acceso inicial a los recursos financieros es una *palanca*, pero la mala gestión conduce a la irrupción posterior del *miento* cuando no pueden devolverse las aportaciones iniciales a los socios. Los negocios con mucho *know-how*, pero poco *cash-flow* (en catalán, *calaix-flow*) conducen irremisiblemente al fracaso. En el sector energético, la quiebra histórica del coloso Enron en Estados Unidos, en 2001, puso de manifiesto las malas prácticas en la gestión de una corporación. ¡Templanza! La gestión empresarial exitosa que genera un retorno elevado a corto plazo puede inducir al crecimiento desbocado. Siempre debe tenerse presente que los árboles crecen y crecen, pero difícilmente acaban tocando el cielo. Liquidez en la tesorería y solvencia en el balance son requisitos de un proyecto empresarial sostenible en el tiempo. Y todo ello lo sabía bien Emili Rousaud.

En Factorenergia, Emili Rousaud ha creído desde el primer día en la solidez del proyecto. Y, en consecuencia, ha preservado el principio de que el ojo del amo, engorda el caballo. No ha seguido la secuencia de muchas *startups*: de la idea a la empresa, hazla crecer... y véndela al operador dominante. Los 25 años de Factorenergia tienen el gran mérito de una vida tan dilatada en un entorno de continuos movimientos corporativos.

Emili Rousaud ha liderado el crecimiento de Factorenergia mediante una gestión equilibrada de su curva de aprendizaje, consolidando cada objetivo alcanzado en la base de clientes, innovando en la fijación de precios y tarifas, introduciendo productos financieros de cobertura de riesgos, y abriendo nuevos horizontes, día a día, semana a semana, año a año. El desarrollo corporativo de Factorenergia en sus primeros 25 años es un auténtico referente del proceso *learning by doing*.

En el mundo de los negocios, un minuto puede llegar a ser una eternidad. Un período de 25 años incluye muchos avatares: salida e incorporación de nuevos socios, volatilidad de los tipos de interés, *shocks* en los precios de las materias primas, cambios sociales y demográficos, disrupciones tecnológicas, y mil variables más...

Las etapas del crecimiento corporativo y creación de valor del cuaderno de bitácora de Factor han obligado a afrontar la selección y formación de humanos con recursos, la internacionalización, la innovación continua, y la diversificación.

Los humanos con recursos constituyen la clave de bóveda de Factorenergia. El compromiso con el proyecto, el sentido de pertenencia, la lealtad a los valores y los principios fundacionales, junto con los conocimientos, habilidades y capacidades personales, son los catalizadores de la pervivencia y expansión de Factor.

Emili Rousaud ha querido siempre rodearse del mejor talento. La toma de decisiones se basa en las aportaciones de las ideas y propuestas del equipo directivo y del conjunto de la organización. De forma abierta. En Factor no rige el adagio común de a quien diga la verdad, regálale un caballo, lo necesitará para huir. Como decía el filósofo austríaco Ludwig Wittgenstein: «Lo que sabe uno solo es como si no lo supiera nadie, por lo que hay que comerciar con las ideas».

La internacionalización ha impulsado las operaciones de Factor en una multiplicidad de mercados geográficos, inicialmente en América Latina y en Europa del Este, inmersos en procesos de liberalización eléctrica y con potencial de crecimiento.

La innovación ha llevado a la utilización de las técnicas de análisis de datos, el *blockchain*, la digitalización y la introducción de la inteligencia artificial. Las innovaciones organizativas, de procesos, tecnológicas, han posibilitado a Factor el desplazamiento continuado de sus horizontes. Y esos nuevos horizontes más amplios son la constatación de que la empresa sigue avanzando.

En fin, Factor enfrenta el vector de la diversificación hacia la comercialización de gas o la generación eléctrica como la vía hacia la creación de sinergias, el crecimiento corporativo y la dilución de los riesgos inherentes a la concentración.

Factor tiene la convicción de que la reducción de la emisión de gases con efecto invernadero y la lucha por la mitigación del cambio climático son una responsabilidad corporativa. Y, a su vez, esta estrategia ofrece nuevas oportunidades en la transición hacia la descarbonización y la electrificación de una sociedad moderna, limpia, saludable, y más inclusiva.

La voluntad personal y corporativa de Emili Rousaud se ha proyectado también externamente, como revelan su participación activa en organizaciones empresariales en defensa de la pequeña y mediana empresa (PIMEC, Cámara de Comercio, Industria y Navegación de Barcelona), o en la directiva del F. C. Barcelona.

La formulación de la pregunta adecuada constituye ya una gran parte de la solución del problema. Factor ha sabido identificar las preguntas y encontrar las respuestas durante estos primeros 25 años, aportando a las familias y a las empresas una comercialización de electricidad con una oferta de calidad en el servicio y a precios competitivos.

La predicción del futuro está exclusivamente al alcance de los dioses. Los seres humanos solo acertamos en la predicción del futuro cuando lo protagonizamos. Factorenergia ha sido un actor principal en la comercialización de electricidad en el transcurso de los últimos 25 años, y tiene los mimbres para protagonizar el devenir de la transición energética en los escenarios de futuro.

Suma y sigue. El horizonte de Factor sigue desplazándose. *Eppur si muove*.

F. Xavier Mena
Catedrático de Economía, Esade-Universitat Ramon Llull

Introducción

De nuevo, un libro sobre un tema al que no quiero calificar como propio, porque me produce sonrojo y además no tengo la menor legitimidad para hacerlo, pero debo reconocer que es ya el cuarto que escribo sobre el mismo asunto: grandes emprendedores, historias empresariales de envergadura, soñadores de la industria, proyectos iniciados desde cero que llegan a buen puerto... Gente que contribuye a un país mejor de manera personal, no colectiva. Me parece un mérito enorme.

Si miro por el retrovisor, es indudable que me gustan el entusiasmo y el emprendimiento, tal vez por haber estado muy implicado en los procesos fundacionales de los diarios *Negocio & Estilo de vida*, *Vozpópuli* y, casi casi, de *El Confidencial*, donde llegué cuando el proyecto era muy joven y pequeño aún. Sé de sobra lo duro que es emprender.

Los momentos en los que alguien se involucra en el lanzamiento de algo desde la nada son muy complicados. Solo hay incertidumbre y cuando se le cuenta a quien sea que uno está en la fase de alumbramiento de un nuevo proyecto, lo que se refleja en el rostro de casi todo el mundo es escepticismo, conmiseración...: «que tengas suerte», «mucho ánimo», «estás loco», etcétera, son respuestas comunes. Casi nadie felicita o se interesa.

Pero, afortunadamente, queda gente que ve oportunidades en vez de problemas en las novedades. Hay profesionales a los que les gusta experimentar más que protestar por los cambios.

Admiro aquellas historias desarrolladas por los protagonistas de los que tanto me gusta escribir. Son héroes mercantiles, que, sin estar incrustados en grandes organizaciones, sacan adelante empresas del vacío. Sin padrinos; asumiendo riesgos y con ganas de impulsar el tejido empresarial. Capaces de pelear ante la adversidad, algo que se está perdiendo ya desde tiernas edades.

Les tengo un respeto reverencial y un gran reconocimiento intelectual, y no solo porque hayan conseguido el éxito. Muchas veces, el progreso colectivo llega tras el fracaso de algunos proyectos concretos, que igual no han triunfado por determinados factores, pero han dejado un poso que ha sido recogido por otros con gran aprovechamiento. Mozart murió pobre e ignorado, pero su herencia es inmortal. El legado tiene un enorme valor.

A su vez, no es la primera vez que gloso los procesos liberalizadores, que históricamente tantos beneficios han traído a la sociedad cuando se han aplicado, a pesar de que no es esta una de las frases más populares que se puedan decir hoy.

La libertad a los mercados trae mejores precios, competencia, avances en la oferta, innovación tecnológica..., progreso, en definitiva.

Estos son los casos de Emili Rousaud y Factorenergia. Un ejecutivo que dejó el confort de una multinacional para emprender su proyecto, no desde cero, sino peor, casi desde terreno negativo, ya que el entorno le era desfavorable. Hostil.

Factorenergia ha sido la primera empresa de nueva creación que comenzó a operar en el mercado eléctrico liberalizado. Ahora que cumple 25 años, puede decirse que ha sido vital para lograr una mejor oferta y catálogo de productos para el consumidor. Ha estimulado la competencia y ha hecho al sector ser mejor.

Este no es un libro homenaje, entre otras cosas, porque tanto a la compañía como a su fundador les quedan muchos años por delante, si no ocurre nada anómalo. Es un recorrido por los 25 años de historia de la empresa, así como un somero relato de la vida del alma mater de la firma, que, como suele decirse, da para una saga.

En los capítulos finales, aparecen algunas reflexiones y visión de la sociedad, extraídas de los valores que procura defender la empresa, y también de los de su fundador. Los he plasmado, negro sobre blanco, desde mi subjetividad, después de haberme empapado de las trayectorias tanto de Factorenergia como de su promotor, incluidas varias entrevistas personales. Agradezco a Emili Rousaud su buena disposición para atenderme, ya que siempre es complicado encontrar huecos en la agenda de un ejecutivo que lidera una empresa con presencia a ambos lados del Atlántico y Europa del Este.

No es España un país cuya sociedad sea muy dada a loar al emprendedor y al que quiere crear algo con su propio talento. La cifra de funcionarios está en máximos históricos, con una gran lista de opositores en la sombra, mientras el universitario más incisivo sueña, como mucho, con un buen empleo por cuenta ajena. Una gran parte de la gente parece haber tirado la toalla, apostando por la dependencia del Estado y el trabajo cómodo a cambio de un salario garantizado.

Una mala noticia para un país, pero siempre habrá alguien dispuesto a tirar del carro y a contribuir para que esa nación sea mejor.

Factorenergia, pese a su corta vida, ya puede presumir de haber alcanzado algún que otro hito en el mercado eléctrico, que le permitirá pasar a la historia de esta industria. El empuje y la ilusión suelen dar estos resultados. Quizá los capitalizarán mejor otros en el futuro, pero estamos seguros de que sus logros no caerán en el olvido. Ni serán los últimos.

1
Registro de Energy Factory Group SL (EFG): «Esto no es para vosotros»

Factorenergia es la primera empresa eléctrica española constituida desde cero para comenzar a operar en el nuevo mercado liberalizado. Se constituyó el 18 de febrero de 1999 en Barcelona, bajo el nombre inicial de Energy Factory Group SL.

Unas semanas después, su fundador, Emili Rousaud, quien era absolutamente desconocido en las altas esferas del mundo empresarial madrileño, se presentaba en el registro de entrada del Ministerio de Ciencia, Tecnología e Industria, en pleno Paseo de la Castellana, para convertir a su compañía en una nueva operadora eléctrica de pleno derecho dentro de un mercado recientemente liberalizado.

Emili no las tenía todas consigo, ni mucho menos. Se sentía caminando sobre la cuerda floja. Por un lado, estaba dejando, con cuidado, pero de manera irreversible, un trabajo próspero y estable, en una multinacional del marketing y la comunicación. Por otro, se adentraba, esperanzado, en un mundo por explorar. Había creado su propia empresa, todavía sin socios potentes (bueno, realmente, sin socios), pero confiaba en encontrarlos, y pretendía entrar en el olimpo eléctrico. Porque así había que considerar a un mercado donde, a principios de los noventa, operaban diez poderosas compañías: Iberduero e Hidroeléctrica Española (Hidrola), que se fusionaron en 1992, dando lugar a Iberdrola; Sevillana de Electricidad, Viesgo, Hidroeléctrica de Cataluña, ERZ, Fecsa, Enher, Gesa en Baleares, Unelco en Canarias (estas ocho compañías absorbidas por Endesa), Unión Eléctrica Fenosa e Hidrocantábrico, todas ellas comportándose como reinas de taifas regionales, y donde, a su vez, el gran accionista de estas empresas era la banca... e, incluso, el Estado. No obstante, en 1999, el mercado quedó con cuatro operadores: Endesa, Unión Fenosa, Iberdrola e Hidrocantábrico.

El Gobierno del PP agotaba la legislatura, pero había dado un innegable acelerón liberalizador desde 1996. Estaba privatizando compañías, como la propia Endesa, a todo correr y abría mercados como el de las telecomunicaciones o el eléctrico. Sobre este último, había aprobado la Ley Eléctrica 54/97 de 27 de noviembre de 1997, que abría, por fin, el espectro liberalizador. Creaba un mercado mayorista de electricidad y modernizaba el sector, tomando como referentes las reformas implementadas en países como Inglaterra, Suecia o California. Dicho de otro modo: abría las puertas para que entraran nuevas empresas a vender electricidad más barata y flexibilizar rigideces del pasado.

Comenzaron a llegar firmas como Electrabel, EdP, e incluso Enron, la octava maravilla mundial de las *utilities* por aquel entonces. La compañía estadounidense, que hasta el fin de sus días hizo todo a lo grande, anunciaba inversiones milmillonarias en Arcos de la Frontera (Cádiz), de hecho. Quizá, también, podían animarse algunas distribuidoras locales ya existentes, sobre todo, si se unían de alguna forma... quién sabe.

Pero lo que nadie tenía previsto era que irrumpiera una empresa, constituida de la nada, para entrar en un mercado de auténticos gigantes, que contaban con padrinos, grandes inversores y lazos políticos. Los soñadores no caben en las altas finanzas... o quizá sí.

Emili Rousaud, su hermano Román y Jordi Ricou, amigo de la infancia y compañero de carrera de Emili, eran los tres fundadores de la compañía que se habían embarcado en este incierto proyecto.

En ese momento, los dos hermanos y el amigo entregaron la documentación pertinente en el registro de entrada y escucharon, con el habitual desinterés por parte del funcionario, un lacónico: «Esperen un momento». En esos instantes, temían que rechazaran la solicitud por algún tipo de problema burocrático o, simplemente, se la aceptaran dando acuse de recibo y les despacharan con un «ya les dirán algo», todavía más apático.

Para su sorpresa, el funcionario, mientras iba sellando papeles e incorporándolos a la carpeta de admisiones, les dijo: «Quieren verlos arriba». «¿Y eso? ¿Quién quiere vernos?». «Pasen por aquí y esperen, que enseguida vienen a buscarlos».

Los Rousaud y Ricou pasaron a una salita y estuvieron aguardando un rato que se les hizo eterno. Para su sorpresa, bajó en persona Enrique Vicent, subdirector general de Energía Eléctrica, para hablar con ellos. Un pez gordo, con enorme capacidad de decisión en el sector e influencia en el ministro, Josep Piqué. No se anduvo por las ramas:

«¿Cómo es que os presentáis? Esta ley no se ha hecho para vosotros —les comentó nervioso—. No sé si voy a poder daros la autorización», añadió entre desafiante y titubeante.

Emili Rousaud, con apenas 33 años, tiró de temple: «Tal vez la ley no se hizo pensando en nosotros, pero ahora mismo creo que cumplimos todos los requisitos». Le dio la mano y se marchó sin aguardar respuesta. Realmente, no había mucho más que discutir. Solo cruzar los dedos y esperar.

Poco tiempo después, su registro era aceptado. Ahora sí, no había dudas: nacía Factorenergia.

Visto con el tiempo, se agolpan varias reflexiones. Por un lado, que ese país que comenzaba a avanzar a toda velocidad para alcanzar un gran hito como era la entrada en el euro; para lo cual había que cumplir unos criterios de convergencia, estaba todavía anclado en una visión empresarial obsoleta, donde solo los dinosaurios, con contactos políticos y apoyos bancarios podían ser tenidos en cuenta en los grandes mercados.

Seguían persistiendo muchas rigideces, a pesar de que el cumplimiento de esos criterios europeos estaba dando la vuelta a la economía realmente, como nunca había ocurrido, y las empresas españolas, entre otras cosas, iniciaron un proceso febril de internacionalización. Algo impensable apenas unos años antes.

Por otro, sin embargo, quedó demostrado que sí era posible desafiar al oxidado *establishment*. Siempre con la ley por delante, por supuesto. El efecto modernizador que trajo la liberalización comenzaba a dejar claro que lo desconocido no era sinónimo de prohibido. Ni siquiera de algo necesariamente malo. Se podía soñar con algo grande, ¿por qué no?

Y, como última idea, puede afirmarse que siempre es bueno que aparezcan esos locos geniales, que se empeñan en hacer cosas nuevas y buenas, sin importarles en exceso la opinión de los demás. Gente que quiere hacer cosas. Que le gusta tirar del carro. Hoy, siguen haciendo falta, quizá más que nunca. Entonces, hubo uno que lo intentó.

2
Emili Rousaud, el fundador: Ganas de aprender... y de enseñar lo aprendido

Emili Rousaud i Parés, nacido el 27 de abril de 1966 es el fundador y CEO desde el inicio de Factorenergia. Procede de una familia de clase media acomodada barcelonesa y, por tanto, cursó estudios en una de las más conocidas escuelas de la capital condal: los Jesuitas de Sarriá, el colegio Sant Ignasi, ubicado, evidentemente, en dicho barrio, donde continúan hoy sus instalaciones y sus históricos edificios, aunque cambió de colegio, para cursar bachillerato y COU en el colegio ALPE de la Garriga, dado que, por la grave enfermedad de la madre, la familia trasladó su domicilio a una masía (Can Joan Pau) propiedad del abuelo materno (radiólogo) en el municipio de Vallromanes, con el fin de facilitar y coadyuvar el tratamiento médico de la madre que falleció en el año 1980.

Tras superar sus estudios secundarios, comenzó su formación universitaria. Estamos hablando de mediados de los ochenta.

¿Cómo era el joven Emili Rousaud, estudiante de grado superior, en un país como España, donde el paradigma siempre era el empleo por cuenta ajena? El gran sueño, entonces, era estudiar, sacar buenas notas, ser de los primeros de la clase, para que te fichara una empresa y te pagara un buen sueldo. Y poco menos que ahí terminaba todo, más allá de ir prosperando en el mismo lugar. No era el de Rousaud, quien siempre tuvo el anhelo de hacer grandes cosas, pero no necesariamente como ejecutivo de una gran corporación.

En una entrevista del suplemento *Activos* de *El Periódico*, declaraba en enero de 2024: «Siempre he tenido la inquietud de ser empresario. Mi tía bisabuela por parte de padre era una emprendedora nata. Montó un taller de alta costura para niñas y abrió una tienda en Barcelona y otra en Madrid (Nelly). Mi padre también hizo sus pinitos. Y llegó un punto en el que yo tuve la sensación de que había llegado al tope en el ámbito financiero, que ya no iba a aprender más».

Eso lo dice recientemente, pero aquellos años ochenta eran unos tiempos en los que el concepto de emprendedor no es que no existiera técnicamente, sino que se educaba contra él. Hasta hace relativamente poco, un emprendedor era poco menos que una persona con pájaros en la cabeza, que hacía todo lo posible por no encontrar *a real job*. Estaría muy cerca de ser introducido en el mismo saco que los artistas. Un bohemio.

El emprendedor siempre es alguien que tiene que olvidarse de los convencionalismos sociales y anteponer su proyecto empresarial a todo (o casi), con el enorme coste personal que eso supone.

Una vez alcanzado el éxito, Emili Rousaud hacía un ejercicio de retrospección y recordaba en *La Vanguardia,* en 2019, lo duro que había sido comprobar, en sus primeros años de empresario, «la efervescencia de mis compañeros de carrera, ya que todos iban escalando en grupos internacionales, algunos que ya no existen, como Arthur Andersen; compraban torres en Sant Cugat, y yo parecía el tonto, el que lo dejaba todo para empezar de cero, el que iba en moto y vivía en el barrio de Gracia...; por no hablar de la presión familiar».

El pobre al que hay que tratar con ese punto de indulgencia, perdido en sueños dispersos, mientras los demás compañeros progresaban, se compraban casas y alcanzaban estatus social.

Emili es licenciado en Administración y Dirección de Empresas y MBA por Esade, en Barcelona. Era una carrera de cinco años. Al ser un centro privado, tuvo que conseguir una convalidación con la Universidad Politécnica de Cataluña y allí fue reconocido como licenciado en ADE (Administración y Dirección de Empresas).

Se vio obligado a hacerlo, entre otras cosas, porque en el año 93 le ofrecieron impartir clases en la universidad pública, en la Universitat Pompeu Fabra (UPF). En esos años de estudiante ya descubrió que le encantaban las finanzas y también el marketing. Dos cosas tan opuestas y, a la vez, tan relacionadas.

No destacó especialmente en los estudios, en el sentido de que no fue el alumno más brillante. Eso sí, nunca copiaba. Se tomaba el aprendizaje como un reto consigo mismo, no contra sus compañeros, a pesar de que en las escuelas de negocios es superimportante esa guerra por la clasificación y los liderazgos. Los rankings generales y las posiciones particulares. La importancia de ser el número *x* o el *y* de tal promoción. No en vano, los mejores expedientes suelen ser los que acceden a los más altos puestos de las principales empresas. La competencia se inocula lo antes posible ahí.

Sin embargo, el deseo de Rousaud era aprender, por encima de competiciones académicas. Hay gente que sostiene que en la carrera no aprendes nada y él se rebeló contra el falso mito. Afirma de manera vehemente que sí siente que el conocimiento universitario le ha servido en la vida. En el mundo laboral, muchas decisiones se basan en el sentido común y para tener sentido común no hace falta irse a una escuela de negocios, es cierto. Pero la universidad otorga unos fundamentos básicos. Aunque con los años se pierda parte del saber; porque la memoria tiene una base física y, por desgracia, no podemos almacenar todo como una base de datos a la que se consulta, queda un gran poso intelectual. Se pierde la letra, pero la música queda. Las decisiones se toman desde una base de sensatez, pero gran parte de ella es aportada por el sustrato que forma el saber académico. Esade le aportó una gran estratificación de conocimientos. Sin duda, es una escuela que imprime carácter.

Al finalizar los estudios universitarios, tocaba «cumplir con la patria» (período 1990-1991), como se le llamaba entonces a hacer la mili, es decir, el servicio militar obligatorio. Rousaud forma parte de la conocida generación X, con la que denominan sociológicamente a los nacidos entre 1965 y 1980, por lo que tenía cumplir sí o sí ese trámite que ocupaba un año de su vida. En aquellos momentos, ir a filas era algo militarmente obligatorio. Ninguna broma con este asunto.

Años después, el PP de José María Aznar anularía ese trámite, en 2001, después de muchos años de peticiones, sobre todo, de los jóvenes, que eran quienes tenían que desfilar en los cuarteles. Así, nadie que hubiera nacido después de 1982 recibiría ya la temida carta en la que se le convocaba para ser tallado en la delegación militar pertinente.

A los *millennials* y qué decir de los de la generación Z, todo esto les suena a vestigios prehistóricos, pero no hace tanto era una realidad como una losa. Se podría aplazar el paso por filas con prórrogas, pero más tarde o más temprano se tenía que hacer la mili.

Pese a las escasas posibilidades, intentó librarse, claro, como hacía todo el mundo, buscando alguna alegación lejana. Pero no lo consiguió. Tampoco fue excedente de cupo (había años de demografía tan amplia que había más candidatos que plazas, por lo que se sorteaba un número de agraciados que quedaban exentos). Ni siquiera se planteó hacerse objetor de conciencia, porque la prestación social sustitutoria no era de asignación inmediata: podían llamarle en cualquier momento y él prefería superar el trago lo antes posible.

El tiempo hay que aprovecharlo. Es una obsesión suya, desde siempre. De esta manera, durante el servicio militar empezó a trabajar, llevando la contabilidad de una pequeña agencia de publicidad (BSB Publicidad, del grupo Bates), que, sin embargo, acabó siendo una delegación de una multinacional (el gigante WPP, que cotiza en la Bolsa de Londres y vale más de 8000 millones de euros).

Contrariamente a lo que recoge el imaginario popular, la mili fue una experiencia muy buena para él. Hizo nuevos amigos, conoció entornos distintos, y le encantó la sensación de democracia absoluta: cuando uno ingresaba en un cuartel, todo el mundo llevaba un uniforme. La clase social desaparecía, no había apellidos, ni estrato sociológico, ni otras distinciones. Había gente de todas partes de España. Fue muy satisfactorio y enriquecedor para Emili. Continúa manteniendo amistades de aquellos tiempos. En la vida, las relaciones que nacen en situación ajena a cualquier interés particular son verdaderas al 100 % y generan los vínculos más sanos e inolvidables. La mili fue ese caso. Aún va, de vez en cuando, de vacaciones a visitar a un viejo compañero de cuartel en Andalucía.

Finalizado el servicio, entró de profesor en la Universitat Pompeu Fabra, en la facultad de Comunicación Audiovisual. La universidad le sirvió de mucho. Son años que recuerda con cariño y, por supuesto, guarda muchos contactos allí. El amor a la universidad ha sido una constante en la vida del fundador de Factorenergia. Dar clases le permitía entregar a los demás su experiencia y saber.

Si, para Rousaud, aprender fue una fase crítica en su vida, también lo fue enseñar lo aprendido. El recién licenciado encontró un placer en la enseñanza, que revelaba un carácter vocacional innegable.

Con la universidad vio, además, la oportunidad de cultivar el marketing desde el punto de vista docente. El primer año lo rememora con especial agrado, ya que las valoraciones que le otorgaron los alumnos fueron muy buenas. Para el nuevo profesor, eso era importante, porque los estudiantes eran buenos, a los que se les exigía una nota media de acceso muy alta, superior al 8. De hecho, algunos de esos universitarios tuvieron en el futuro una carrera profesional muy brillante.

Disfrutó mucho aprendiendo y más aún enseñando. Sin duda, aquel joven profesor ya llevaba una vocación implícita, como es la de transmitir los conocimientos a la sociedad. Ya sea desde una mesa de profesor o desde una empresa, al final, todos somos transmisores de conocimiento. En mayor o menor medida. En este caso, era algo manifiesto.

Empezó su carrera docente en 1993 y la dejó en 2010. Abandonó por solidaridad. Porque, a pesar de gozar de la plaza de profesor asociado, a partir del 2008, con la crisis económica y financiera, vio que la universidad estaba suprimiendo plazas y muchos profesores dependían del sueldo para vivir. Él, ya entonces accionista y alto ejecutivo de su propia firma, no precisaba de ese dinero, y le dio remordimiento ocupar una plaza que para otro podía ser vital. Así que, discretamente, cedió su posición para que fuera aprovechada por alguna persona del claustro que, seguramente, la necesitaba más.

¿Era un profesor duro con los alumnos? Exigente, sí; duro, no. Por ejemplo, no pasaba lista, incluso alguna vez, en días soleados, animaba a sus pupilos a que salieran a disfrutar del día, si no tenían ganas de asistir a clase. Si un día alguien no tenía ganas de ir a clase, no pasaba nada, lo que sí quería era asistentes «con ganas de aprender». El aprendizaje, siempre el aprendizaje. Hay que tener las puertas mentales del saber permanentemente abiertas.

Sus exámenes consistían en un test de ABCD, que aportaba el 50 % de la nota. La otra mitad era un caso práctico. En el año 1993, les puso como prueba desarrollar un plan de marketing sobre el supuesto de una empresa biotecnológica que había desarrollado un alga que comenzaba a generar las condiciones de vida en Marte. El plan inicial proyectaba un viaje al planeta rojo para poblar el arraigo de esa alga, el objetivo era que en unos 25 años fuera habitable. Los alumnos debían explicarle cómo vender terrenos en un planeta susceptible de ser habitado por humanos. Los pupilos sacaban lo mejor de sí con esos retos intelectuales. Los que eran competentes destacaban. Tenía más de cien alumnos en cada curso, que estimulaban sus ganas de aprender.

Un aspecto importante era que no admitía preguntas en el examen: «Si te faltan datos, tendrás que formular alguna hipótesis razonable. Porque justamente eso es lo que te ocurrirá en la vida». Si no ves el camino, tendrás que imaginar por dónde va. «Se hace camino al andar», decía el poeta.

En aquellos años de juventud, en los que el fundador de Factorenergia fue a la universidad, cursó un máster, hizo la mili y comenzó a dar sus primeros pasos en el terreno laboral, el icono social era Mario Conde. Conde fue una leyenda, la imagen del triunfo total. El sueño que imitar, especialmente por los universitarios, porque con 39 años se convirtió en presidente de un banco casi carpetovetónico, donde los puestos en el consejo se heredaban, aunque los consejeros no tuvieran acciones y valía más un título nobiliario que conocimientos de banca. Verídico.

Conde irrumpió para poner en tela de juicio todo ese entramado sociológico. Este ejecutivo millonario, con pinta de actor de cine, que protagonizaba operaciones y emitía señales de ascenso imparable era lo máximo para casi todo el mundo. Incluso para sus enemigos, que los generaba casi a la misma velocidad que sus admiradores.

La gente ya se ha olvidado un poco de él. De hecho, seguramente muchos ignoren también el significado del término *yuppie*, es decir, profesional joven pero bien preparado. Y entonces, parecía el techo del éxito. Lo máximo que se podía lograr, viniendo desde abajo, como venía Conde, ya que su padre era un simple funcionario de aduanas.

Emili nunca tuvo esa ambición. Estudió en una escuela de negocios, sí, pero como se apuntaba, nunca buscó ser un empleado de una gran corporación, desde la cual ascender a lo más alto. No estaba especialmente deslumbrado por los ejemplos de triunfadores sociales.

Con los años, la experiencia le demostró que el empleo por cuenta ajena aporta una seguridad solo aparente. La gente vive muy tranquila creyendo que la gran corporación es eterna, pero eso también es una ficción. Algo que, en su sector, pudo verse al poco tiempo del nacimiento de Factorenergia, cuando se derrumbó Enron, uno de los casos más icónicos de triunfador global que, a su vez, arrastró a otro monstruo como Arthur Andersen en su caída.

Enron era «la mejor *utility* del mundo». Así lo atestiguaban los premios anuales y menciones de prestigio que acumulaba la compañía, por no hablar de la opinión de consultoras prestigiosísimas, que vendían a otros clientes su paquete de conocimientos, basado en la capacidad de implantación del modelo Enron en las eléctricas de toda la vida. Había que tender hacia Enron.

De Arthur Andersen, ¿qué decir? Ser un arturito era una seña de distinción. Si decía algo la firma, era palabra de Dios.

Pero cayeron como un castillo de naipes. Sus bien remunerados trabajadores, que se sentían privilegiados usufructuarios de una generosa colocación para toda la vida, tuvieron que salir a la calle con sus pertenencias, escoltados por la seguridad. Muchos de ellos, con lágrimas en la cara. Recibieron un *shock* del que no se recuperaría casi ninguno. La mala gestión y la corrupción provocaron un cataclismo empresarial que conmocionó al mundo. Antaño, las madres querían que sus hijos entraran en Telefónica o en la caja de ahorros. ¿Qué ha pasado en estos años? Que la operadora ha realizado numerosos expedientes de regulación de empleo y las cajas de ahorros ya no existen.

Emili Rousaud ya lo sabía, pero la realidad profesional que ha comprobado en derredor le confirmó que trabajar en una entidad muy grande encierra un paradigma que no es cierto: la seguridad vitalicia. Y nuestra vida es muy corta para fiársela a ideas preconcebidas. La seguridad vitalicia no existe, pero hay que pelear por ella. La felicidad no es un destino, es el viaje. El joven Emili, que cursaba sus estudios universitarios, siempre supo, de una u otra manera, que el empleo para toda la vida era una ficción.

Y si alguna vez tuvo esas expectativas, se las quitaron de raíz. En su momento, Price Waterhouse (aún sin el Coopers) le quiso contratar, una vez que superó los tediosos procesos de selección. Había pasado con éxito, nada más licenciarse de sus estudios superiores, entrevistas, test y demás pruebas. Pero tenía que ir a realizar el servicio militar. Le dijeron que le esperarían, pero, a su vuelta, el momento procesal ya no era oportuno para la compañía de auditoría y consultoría. Al parecer, habían perdido algún cliente y la carga de trabajo era menor. Le pidieron paciencia. Rousaud se olvidó de ellos en el acto.

En meses anteriores, entre el final de la carrera y el inicio del servicio militar, había comenzado a trabajar en prácticas en una empresa que fabricaba envases de plástico. Se llamaba Grumbe, estaba en Argentona, y pasó en ella tres o cuatro meses haciendo un sencillo análisis de costes de fabricación para optimizar los procesos fabriles. La empresa fabricaba el envase de los Chupa Chups. Al poco tiempo, sin embargo, comenzó a hacer prácticas en la agencia de publicidad y comunicación BSB del grupo Bates.

En el Ejército habían realizado un test psicotécnico a todos los reclutas. Como obtuvo buenos resultados (si había superado los procesos de Price, ¿cómo no iba a hacer lo mismo en la mili?), al cabo de un tiempo le preguntaron: «¿No será usted ingeniero?». Y, como su padre le había recomendado que fuera con la mejor actitud, contestó que sí. Si en el Ejército razonan así, para qué llevarles la contraria.

Así que le destinaron a la sección Logística del Estado Mayor. Un trabajo de oficina donde ya no había que disparar ni hacer marchas kilométricas por los Pirineos. Entraba a las 6 de la mañana en Capitanía, en el paseo Colón barcelonés, y salía a las 15:00, ya comido. Por cierto, un rancho más que aceptable, recuerda.

Tenía la tarde libre, para trabajar en la agencia, cuya sede estaba en el edificio del Cubo Negro en la Diagonal, sus bajos hoy ocupados por Uniqlo. La empresa era una filial de una multinacional británica que tenía agencias y centrales de compras de medios. Publicidad pura y dura.

En dicha compañía comenzó realmente su aprendizaje profesional. No solo de contabilidad y operativa financiera, sino de comunicación, publicidad y marketing. Lo que aprendió en la universidad pudo comenzar a aplicarlo en la práctica.

Enseguida tuvo una primera prueba de fuego. Un bautismo ejecutivo en toda regla, sin red, ni jefes tutelando. Era el mes de agosto y, al estar en la mili, no tenía vacaciones. Trabajaba solo en la oficina (disponía, incluso, de las llaves del inmueble) y, de repente, entró un fax.

Emili Rousaud estaba pendiente de ellos, por si entraba algo relevante de bancos, recibos, etcétera, y lo que vio fue un comunicado de un cliente (Akí Bricolaje), molesto por la falta de servicio en agosto y comunicando su intención de darse de baja.

Por las manos del joven recluta pasaban los pagos y cobros de la compañía, por lo que era perfectamente consciente de que se trataba de un cliente no menor. Así que agarró el teléfono y llamó a la central en Madrid y al primero que descolgó le informó vehementemente de que había un cliente enfadado que amenazaba con irse porque no le servían una cuña publicitaria en las radios.

¿Quién se puso al otro del teléfono? Otro chaval en prácticas como él, pero también con empuje, así que se metió en el despacho del consejero delegado, que, sorprendentemente, sí que estaba en la oficina esos días veraniegos, aunque solo de paso. De inmediato, el CEO devolvió la llamada y le dijo a Emili que no se podía perder esa cuenta. Le dijeron que movilizaban a los creativos para que hicieran ese anuncio y que estuviera a la espera de nuevas instrucciones. Poco después, le enviaron el guion de la cuña radiofónica y le dijeron que fuera a grabarlo a unos estudios de sonido.

Así que, al salir del cuartel, se puso la americana y se fue al estudio de sonido, donde le atendió en persona el actor que doblaba en TV3 a JR, el malo de la entonces famosísima serie *Dallas*.

Mientras se grababa la cuña, los profesionales del estudio le miraban pidiendo autorización y el becario Rousaud no desaprovechó la oportunidad para ejercer la autoridad: pidió que se repitieran un par de veces las tomas «con un poco más de energía». Así lo hicieron. Fueron sus primeros contactos con el liderazgo.

Una vez realizada la grabación, le facilitaron desde Madrid el plan de medios, es decir, las emisoras donde debía emitirse la publicidad. Recordemos que eran tiempos sin internet, por tanto, no podía enviarse un correo electrónico con los materiales a las direcciones pertinentes y listo, como ocurre hoy en día.

Se puso un polo y vaqueros, agarró su moto y se fue, emisora por emisora. A la primera que llegó fue, por cercanía, a Catalunya Ràdio, emplazada también en la Diagonal. Al entregar la cinta, le pidieron el albarán para que le firmaran la recepción y, claro, el becario de guardia no sabía ni de qué le hablaban. «¿El qué?», preguntó. Cuando se lo explicaron, sin inmutarse, pidió un momento. Volvió a toda prisa a la oficina, imprimió un papel con un logo de la empresa y volvió. La recepción para el anuncio fue sellada.

Cuando llegó a Antena 3 Radio, apareció un locutor y le preguntó si, ya que estaba ahí, le podían entrevistar, para hablar de la huelga de mensajeros. Le habían tomado por uno. Emili Rousaud salió al aire hablando en nombre de los mensajeros, reivindicando que es un trabajo muy digno, pero que necesita mejores condiciones. Nada que no fuera verdad.

El ADN empresarial se había manifestado de una manera casi volcánica en ese recién licenciado que hacía el servicio militar. Un altísimo porcentaje de personas que hubiera estado un mes de agosto trabajando solo en una oficina ni se habría molestado en mirar el fax. Otro número, quizá mayor, habría dicho que eso no iba con él y se habría desentendido del asunto. Bastante tenía con estar trabajando en ese mes vacacional.

Lo que caracteriza a un empresario de verdad es que no tolera que se pierda un cliente y menos por no darle servicio. Le hierve la sangre. El recién licenciado movió el trasero, como vulgarmente se dice, agarró el teléfono, llamó donde pudo, se fue a grabar, repartió las cuñas, inventó albaranes... ¿le iba algo en ello? No.

Pero un cliente no se puede perder. Y no se perdió.

No es extraño que, acabado el servicio militar, la agencia le ofreciera un contrato fijo, en el departamento financiero, donde, al poco tiempo, contaba con un equipo a su cargo y se le presentaba por delante una atractiva senda de progresión.

Fichaba por Bates BSB, posteriormente Delvico Bates, que, a su vez, fue adquirida por el mega gigante WPP, que hoy cuenta con firmas como Mindshare, Omnicom, GroupM o la barcelonesa Bassat Ogilvy. (Los procesos de integración de las agencias de marketing, publicidad y medios son una madeja imposible de deshilachar, similares a los de las entidades financieras y las cajas de ahorros que fusionan en su seno).

Es preciso reseñar un apartado muy importante: todo esto ocurría a principios del año 1991. Quizá la mejor etapa en la historia contemporánea de Barcelona, previa a los fastos Olímpicos del 92.

Fueron tiempos de mucho trabajo. Y lucrativo, porque en esos momentos había gran cantidad de clientes internacionales invirtiendo en la capital catalana. El período olímpico constituyó una etapa maravillosa. Rezumaba optimismo, alegría, ilusión. La ciudad estaba preciosa y era objeto de todo tipo de proyectos, a cuál mejor.

Aquellos años resultaron trepidantes, quizá irrepetibles. Rousaud trabajó de todo, tocó todos los palillos, conoció la casa donde trabajaba hasta el último rincón... Una anécdota refleja a la perfección lo grande que fue su involucración. En los Juegos Olímpicos iba a estar presente en Barcelona, durante una temporada, el presidente de Mars, la multinacional que fabrica los caramelos M&M, e importante cliente de la firma en la que trabajaba. Como encargo especial por la llegada de su principal ejecutivo, Mars encargó a la agencia colocar dos enormes muñecos con la forma de esos dulces redondos en el camino de la autopista que debía recorrer su principal ejecutivo cada día.

La carretera rodeaba un barrio marginal, históricamente conflictivo: San Cosme. Los muñecos aparecían vandalizados prácticamente a diario. Pusieron incluso unos guardas de seguridad para custodiarlos. No se arregló nada. Así que tuvo que interesarse el propio Emili por los muñecos del presidente de Mars.

Allí le dijeron que el barrio lo controlaba una familia de etnia gitana, a la que había que mostrar sus respetos. Recordemos: era 1992. Allá que fue, con el abogado de su firma, a reunirse con los hermanos Vargas, quienes le propusieron que les encargaran a ellos mismos la vigilancia. Así fue y así desaparecieron en el acto los vandalismos. Los propios Vargas iban cada semana a cobrar a las oficinas de la agencia e, incluso, a los pocos días, pidieron un uniforme, que les fue servido de inmediato.

Aunque todavía faltaba mucho para que se hablara de ESG en el mundo empresarial, este modo de resolver una crisis puede considerarse un ejemplo de política inclusiva y una apuesta por la diversidad.

Viejos y buenos tiempos, que Emili Rousaud recuerda con cariño y nostalgia.

Barcelona se mostró enteramente al mundo. Fueron los mejores Juegos Olímpicos de la historia, quizá no superados aún, aunque solo sea por el espíritu alegre que se podía palpar entre la gente (amigos para siempre) y por aquel triángulo de hermandad que supuso la celebración a la vez de la Expo de Sevilla (otro *boom*) y de la Capital Cultural en Madrid. Sin olvidar el Quinto Centenario del Descubrimiento de América, entonces celebrado como un gran fasto y hoy, inexplicablemente, denostado.

Sin duda, ese 1992 fue un ejercicio definitivo de transformación de España, aunque en 1993 hubo una fuerte crisis, consecuencia de la resaca de tanto acto. Pero los cimientos ya se habían puesto.

Poco a poco, el tiempo fue pasando de manera satisfactoria para el ejecutivo de WPP. Los primeros años de empleo son geniales para casi todo el mundo: en ellos se conjuga la ilusión, un empuje tremendo y la gozosa sensación de libertad que ofrece la independencia económica. Se tiene la vívida imagen de tener la vida por delante. La verdadera, la que va a ser propia, por fin, sin ataduras académicas, ni dependencias paternofiliales. El primer trabajo y el primer sueldo otorgan la sensación palpable de ser dueño de tu propio tiempo. Lo mejor está por llegar y, además, no va a tardar demasiado en hacerlo. Cada día que pase será un poco mejor. Prácticamente todo el mundo ha pasado por eso.

A mediados de la década de los noventa, con 28 años, Emili Rousaud ya era director financiero de la empresa y, a pesar de que podría sentirse plenamente un triunfador, fue cuando le entró la inquietud vital. ¿Ganas de complicarse la vida? No, en realidad, el emprendedor que incubaba en su interior comenzaba a romper el cascarón.

3
Germen de la compañía: el hombre que no faltaba nunca al trabajo y que dijo no a McKinsey

Sin darse cuenta, Emili se había convertido en un *yuppie*. Joven, directivo, bien remunerado... Pero ya se estaba planteando qué hacer a medio plazo. Le llegaba su primera crisis profesional: se sabía la compañía al dedillo, tenía la sensación de que no iba a aprender mucho más. Ya viajaba a Londres, a Nueva York, celebraba reuniones con otros directores financieros en Copenhague, pero comenzaba a vislumbrar que tenía menos recorrido por delante, más allá de mejoras salariales. Que nunca vienen mal, pero quien tiene ese gen de empresario aspira a disfrutar de un patrimonio ganado por él mismo, no por cuenta ajena.

En esos años, tuvo lugar un acontecimiento que también fue muy importante para su futuro. En la compañía donde trabajaba habían sufrido una inspección fiscal y Rousaud vio la necesidad de estudiar un máster tributario porque venían nuevos tiempos, especialmente con la entrada en vigor del euro y la globalización a las puertas de la esquina. La empresa le facilitó cursar un máster en asesoría de gestión tributaria en Esade, subvencionándole un 90 % del mismo.

¿Qué gran aprendizaje sacó de ese curso? Consultar el BOE, leer las leyes, interpretarlas y saber lo que dicen, pero también lo que no dicen. Esto sería vital a la hora de encauzar su futuro para este hombre que sentía que había tocado techo en su organización.

Como se apuntaba, según se acercaba el final de siglo y de milenio, las cosas no podían irle mejor a Emili Rousaud. Era alto ejecutivo con presencia en comité de dirección, impartía clases en la universidad, lo cual le proporcionaba una gran satisfacción interna y contacto con las generaciones más jóvenes..., pero cuanto mayor era la sonrisa que le dedicaba la vida, mayor era el pequeño gran interrogante que se generaba en su interior.

No era ninguna cuestión pasajera, era algo latente. Una inquietud que no se superaba con el paso del tiempo. Eso significaba que, pese a disfrutar de un entorno confortable, tenía los ojos y oídos abiertos a nuevas cosas. Tenía ganas de ver qué más había, además de su trabajo seguro y tasado, con el que sueña gran parte de la sociedad. Fruto de estas ganas soterradas de cambio, procuraba estar pendiente de qué perfil de profesionales buscaban en otras empresas, por ejemplo. No por nada en concreto, solo por tener esas puertas mentales lo más abiertas posible y que no se le escaparan trenes.

Un día de 1998, vio un anuncio en prensa donde se solicitaba un ejecutivo por parte de una gran consultora, para un proyecto internacional. Envió el currículum, más por curiosidad que por otra cosa, y le contestaron enseguida. Les había encantado el perfil y querían verlo con urgencia.

La empresa de recursos humanos le explicó que la firma oferente era nada menos que McKinsey, que le envió un billete de avión en primera clase, para entrevistarle en sus oficinas de la calle Miguel Ángel, en Madrid. Le presentaron un proyecto para trabajar en la oficina de Buenos Aires, dando servicio a algunos clientes españoles. El sueldo, espectacular, y las condiciones, magníficas, incluido un alojamiento a cargo de la compañía en un apartamento (con servicio) en La Recoleta, la zona más señorial de la capital argentina, y otras ventajas como ¡chófer!

Aquellos contactos fueron muy rápidos. McKinsey lo tuvo clarísimo casi en el acto: el puesto era suyo, si lo quería. Un caramelito. Dejar una multinacional de la comunicación para ir a la consultora número uno del mundo a conquistar mercados, le garantizaba a medio plazo un ascenso fulgurante en la firma (quizá, otro billete en primera para ser socio) o un fichaje estelar por alguno de los selectos clientes de la firma. Solo hay que ver quién comanda BBVA, Sabadell, un gran número de *private equities*... ex-McKinsey.

Personalmente, no le supondría ningún gran problema, estaba muy ennoviado y pasar una temporada en el extranjero dentro de una gran firma, con dinero a espuertas y calidad de vida, es una buenísima experiencia para una pareja joven.

Y, aunque es cierto que en aquel país estaba implantada la controvertida dolarización y poco después llegó el corralito (que impedía retirar de los depósitos bancarios el dinero, salvo pequeñas cantidades, algo que sumió a Argentina en una crisis de la que parece empeñada en no salir), en esos tiempos, los mercados emergentes latinoamericanos eran el Dorado: un vergel de crecimiento en el que las empresas españolas se volcaban, casi de manera indistinta. Telefónica, Santander, BBVA, Iberdrola; las constructoras..., todas iban a tumba abierta a Argentina, Chile, Brasil, México, Colombia... Ahí, claro, estaba McKinsey en posición estelar, dando apoyo a todos los *blue chips* nacionales. Era donde había que estar, si se quería progresar.

Pero conforme más le apremiaban con la respuesta, más tardaba Emili Rousaud en darla. En una inversión total de papeles, fue él quien se puso a exigir. Reclamaba tal condición y se la concedían. Pedía una carta formal por escrito con todos los términos de la oferta y la tenía en el acto. Cuanto más deseosa se mostraba McKinsey por incorporarlo a sus filas, más dudaba él, sin saber por qué. Al final, dijo que no.

No había ningún motivo concreto para esa negativa, pero le abrió los ojos definitivamente: si con poco más de 30 años no se enrolaba en lo que iba a ser su gran aventura por cuenta ajena, es que, sin duda, su futuro no iba a ir por ahí. El contacto con la consultora fue una epifanía, que le dejó claro que el resto de su vida no quería ser un empleado, por mucho que el sueldo fuera altísimo. Como emprendedor, estaba decidido a ser su propio jefe, aunque aún no tenía ni la más mínima idea de por dónde iban a ir sus derroteros.

El asunto es doblemente remarcable, ya que todavía no se había dicho a sí mismo «voy a ser emprendedor» y porque tampoco había pasado por su cabeza entrar en la industria energética.

Mucho más adelante, cuando llegaron de manera inevitable algunos momentos duros, se preguntó: «¿hice bien en decir no a McKinsey?». Cuando llegan los instantes difíciles, emergen las dudas. Nunca sabremos qué habría podido pasar en Buenos Aires, aunque la imposición del citado corralito invita a pensar que tampoco fue una mala decisión.

Poco después de haber rechazado una de las mejores ofertas de trabajo posibles, su hermano le comentó que el tema eléctrico estaba candente. Había conocido a un prejubilado de Endesa que les puso sobre aviso: la liberación del sector recién se acababa de aprobar y algunas empresas ni siquiera eran conscientes, no ya del cambio que se avecinaba, sino de la novedad.

Aquella negativa a McKinsey comenzó a tener sentido.

La idea, casi de ciencia ficción, que le vendía ese prejubilado era constituirse en asesor eléctrico y llegar al tejido empresarial, informándoles de que se les podía reducir el coste eléctrico a cambio de un porcentaje del ahorro. Era imposible que dijeran que no. El aviso de ese prejubilado es de los que cambian la vida a quien presta atención.

Emili enseguida se la prestó ya que le interesó sobremanera la historia. Ese experto se llamaba José María Giménez Tresaco, y es una pequeña piedra angular de la historia; sin él, no habría existido Factorenergia.

Rousaud quiso saber mucho más sobre el asunto y puede decirse que fue José María quien le abrió los ojos e inició en el mundo energético. Le indicó que podía encontrar toda la información sobre el nuevo mundo que se avecinaba en la ley pertinente y a Rousaud no le costó nada encontrarla y empaparse de ella. Bendito máster de tributación.

Giménez tiene una importancia capital en la historia de Factorenergia. Sin él, la empresa no existiría. Algo así como la piedra angular en un arco de crucería: es pequeña, apenas se ve, pero si se retira, el arco se derrumba. Es un personaje de gran valor intelectual, con quien Rousaud mantiene el contacto, por supuesto, y que siempre ha tenido una gran ascendencia personal sobre el proyecto. Fue un asesor en la sombra a lo largo de los tiempos siguientes.

Aunque hoy está por encima de los 70 años, ha sido siempre una persona de gran empuje, un ingeniero que, ya titulado con 16 años, construía radios de galena que luego vendía para ayudar a la familia. Posteriormente, dedicó más de 35 años de su vida profesional al sector eléctrico siendo uno de los mayores especialistas con lo que contaba el grupo Endesa, tras su prejubilación se dedicó por entero a la consultoría energética, centrada en sus aspectos más técnicos e industriales. Sin duda, una persona de esas que dejan impronta en la vida.

Emili Rousaud se hizo con Ley 54/97 de 27 de noviembre de liberalización del sector eléctrico. No era tan sencillo en aquellos años, en los que Internet apenas había llegado a España y eso solo a través de esos módems infernales de 54k. Tuvo que bucear por distintos registros, pero la encontró rápidamente.

La ley suponía un avance sin precedentes, aunque era algo de lo que la opinión pública no era apenas consciente. El sector eléctrico era oligopolístico (ya se han citado los cuatro grandes operadores que lo dominaban), pero el nuevo marco regulatorio permitía el libre negocio de energía eléctrica, a través de un mercado sujeto a reglas competitivas. Abría las puertas a la liberalización, es decir, fomentaba la aparición de nuevos agentes en el sector para que pudieran vender. Del otro lado, permitiría la libre elección de suministrador por parte de los consumidores. Una novedad sin parangón para un país como España.

El espíritu de la ley, muy basado en las recomendaciones de la Unión Europea, imponía la separación jurídica de las actividades de competencia (generación y comercialización) de las actividades reguladas (transporte masivo en la red y distribución).

Por supuesto, buscaba permitir el libre acceso a estas redes de transporte y distribución a nuevos operadores, para acabar con el oligopolio y comenzar un marco real de competencia entre los agentes.

Como en todo proceso liberalizador, la entrada de nuevos operadores permitía una democratización y una mejora de precios. Hasta entonces, el marco legal vigente fijaba cuánta y de qué tipo era la energía que se iba a producir durante el ejercicio. De la generación se encargaban las compañías eléctricas, pero era el Gobierno de turno quien determinaba los precios de unas tarifas denominadas integrales, y que recogían los costes de los tres subsectores eléctricos: generación (la producción en las centrales de la electricidad), transporte y distribución (el traslado a través de las redes hasta los puntos de consumo), y comercialización (la venta capilarizada a particulares y empresas).

Con la nueva ley llegó el mercado mayorista o *pool*, un mercado electrónico en el que las empresas tenían que vender y comprar la energía en cada hora de los 365 días del año, y con un sistema de precios marginalista.

Aquí es donde comienzan a complicarse los términos. «Sistema de precios marginalista» es una frase que provoca que más del 90 % de la población pase la página del periódico donde la lee o cambie de canal si la escucha en las noticias. Genera rechazo automático.

Pero este modelo es básico para la generación de precios ya que, como todo mercado, el *pool* es donde concurren la demanda y la oferta. Por un lado, se recogen las necesidades de la demanda. Por otro, concurren los generadores, con sus precios, recogiendo únicamente sus costes variables. Concurre la energía nuclear, la eólica, los ciclos combinados, o sea, los que precisan de gas para la generación y otras centrales térmicas, como las que usan carbón para producir electricidad. Tras un proceso de casación de precios, se fija uno marginal, que se aplica a todos los ofertantes. El precio lo marca la última central necesaria para cubrir la demanda, siempre bajo un criterio de precio menor. De ahí viene el nombre.

El sistema marginalista es usado en la mayor parte de países desarrollados. Es importante destacar el aspecto de los costes variables, ya que las energías renovables prácticamente no tienen (pueden tener costes fijos, quizá, pero la energía primaria: el viento y el sol son gratis), mientras una central térmica siempre tendrá que pagar por el gas o el carbón empleados para producir electricidad, aparte de sus cuotas de emisión de CO_2.

Muchas centrales eléctricas denunciaron que el nuevo marco, que sustituía al marco regulado estable, no les permitía recuperar todos sus costes fijos de inversión, por lo que el Gobierno lanzó los llamados costes de transición a la competencia, los CTC. Supusieron una inyección para las eléctricas del momento de más de un billón de las antiguas pesetas, bastante más de 6000 millones de euros.

Aunque no es lo más ameno del mundo, hay que detenerse un poco en este apartado. Cuando se liberalizó el mercado eléctrico, el Ejecutivo se vio obligado a compensar a las grandes eléctricas, ya que el estado hasta la fecha había solicitado a las compañías que realizaran las fuertes inversiones necesarias para la generación (construcción de centrales) y a cambio les garantizaba los ingresos, mediante una tarifa fija. La liberalización acababa con ese escenario, pero la inversión ya se había acometido con anterioridad.

Cuando comenzó a convivir la tarifa regulada que promulgaba el Estado tras la llegada del mercado libre, comenzó a ocurrir que, curiosamente, ese precio regulado estaba usualmente por debajo del precio de mercado libre.

Con semejante circunstancia, el Gobierno creó un mecanismo que se llamó déficit tarifario, que cuantificaba la diferencia entre la tarifa integral promulgada anualmente por el Gobierno y el precio resultante del mecanismo de libre mercado. El problema radicaba en que, al ser todavía un oligopolio de facto, con el control de más del 90 % de la oferta y de la demanda del mercado, el oligopolio tenía una capacidad casi absoluta de fijar los precios de mercado libre, que generaban el citado déficit al situarse por encima de la tarifa regulada.

A través de los mecanismos de compensación del Estado, se pagaría a las eléctricas la diferencia entre el precio de mercado libre y la tarifa regulada, si el primero era más alto, cosa que ocurría casi estructuralmente. Eso llevó a una situación tremenda, porque cada año se acumulaban enormes cifras de déficit tarifario.

Inicialmente, se concibió una solución financiera bastante inteligente, titulizando ese déficit, que se convertía así en un activo financiero y era comprado por los bancos y fondos de inversión, obteniendo con ese activo un derecho de cobro contra el Estado. En definitiva, una distinta modalidad de deuda con garantías públicas.

Pero en 2008 la crisis financiera también alcanzó al déficit tarifario. Por aquellos tiempos, se habían acumulado 28 000 millones de euros de déficit, que se dice pronto. Más del 2 % del PIB entonces.

La enorme crisis bancaria que estalló se tradujo en unos enormes problemas de solvencia para la banca; generalizados, con lo cual todos dejaron de cubrir las siguientes colocaciones de déficit tarifario titulizado.

La única solución que encontró el Estado fue liberalizar totalmente el mercado: si desaparecía la tarifa regulada, ya no había déficit tarifario.

Pero quedaba el mercado residencial, el menos rentable; la tarifa doméstica para los domicilios particulares. Para ella, se estableció un mecanismo que también evitaba ese déficit tarifario: la TUR (Tarifa de Último Recurso), mediante la que el estado fijaba precios teóricamente asequibles para los consumidores particulares.

Una historia apasionante y, a la vez, compleja. ¿Deben ser indemnizados los oligopolios que pierden las ventajas competitivas por la liberalización? Es una cuestión que acarrea gran controversia política y que no solo se ve en la electricidad. El taxi, sin ir más lejos, es un sector que también podría reclamar unos CTC, ya que la licencia obligatoria se encareció exponencialmente en una suerte de mercado secundario inexistente, pero inflado, lo que causaba que sus precios de traspaso subieran de manera incesante, dado que los números eran limitados. Disponer de una licencia en propiedad era algo así como tener una vivienda o un plan de pensiones. El taxista la compraba, la usaba muchos años y luego la traspasaba por un dineral, esta era su garantía para la vejez. Pero ahora han irrumpido los VTC, cambiando el *statu quo* y generando una polémica que todavía no está resuelta.

Como se indicaba, todo proceso liberalizador busca una mejora de los servicios energéticos para el consumidor, tanto en precio como en calidad del servicio y así lo recogía la ley. Un operador instalado en el confort del oligopolio tiende a sovietizarse. La competencia hace avanzar.

Las grandes empresas eléctricas integradas, con una actividad de distribución que controla el punto de suministro, han ido facilitando lentamente la entrada a las empresas comercializadoras. Con una parsimonia ¿sospechosa? Desde luego, no han facilitado en exceso en el pasado el acceso a los nuevos operadores. Este proceso culminó en 2009 con la opción de cambio de empresa para todo tipo de usuario particular, aunque ya desde 2003 las empresas españolas podían elegir la compañía eléctrica con la que contratar el servicio. Daba igual la zona en la que se encontraran o a qué red estuvieran conectados. Por supuesto, las condiciones eran distintas. Ha costado y hubo sus obstáculos, pero esto es hoy una realidad. A finales del pasado siglo, comenzaron a darse esos pasos.

Emili Rousaud estudió la ley de liberalización lleno de curiosidad y, enseguida, descubrió algo: que la ley no contemplaba la opción de que una empresa que no fuera del sector pudiera aplicar.

Simplemente, no lo contemplaba, pero ni estipulaba nada al respecto ni mucho menos lo prohibía. Era una ley que exigía tres requisitos:

El primero era un requisito legal: el solicitante debía ser una sociedad (o establecimiento permanente) radicada en España. Eso no constituía el menor problema.

El segundo requisito hacía referencia a unas futuras exigencias de tipo económico, pero pendientes de definir en un reglamento futuro, con lo cual, de momento, no existían. Problema eliminado, por tanto, o, al menos, aplazado. Cuando tuvieran que llegar las exigencias, ya se vería.

El tercero era el más complicado, porque requería capacidad técnica, es decir, experiencia a las empresas solicitantes. Evidentemente, pedir conocimiento industrial a los nuevos que llegan a un sector cerrado hasta la fecha (el matiz es muy importante) era algo contradictorio, sobre todo, si se quería presumir de aperturismo. Ya se ha dicho previamente que el mercado eléctrico era un olimpo de colosos. Apenas cinco grandes compañías y unas treinta históricas locales, para cubrir íntegramente un mercado de cuarenta millones de ciudadanos, así como de su tejido empresarial. Exigir experiencia en gestión eléctrica a quien llegara de nuevas a un oligopolio era, cuando menos, algo curioso.

Ahí, apareció de nuevo el prejubilado de Endesa, con una solución: la distribuidora de Montoliu, una localidad leridana, que contaba con una distribuidora municipal: Distribuïdora Elèctrica de Montoliu de Lleida SL, empresa que todavía existe hoy, aunque no tiene ni siquiera página web: está embebida en la del propio ayuntamiento.

Para esa compañía, fundada en 1911, Emili preparó un contrato de asesoramiento, consultoría y soporte técnico, que la distribuidora se avino a firmar bajo la promesa de que, pese a lo firmado, no se les aplicaría asesoramiento alguno. Aquel era un nuevo sector y la experiencia en el marco regulado no era valiosa para tal fin, pero sí permitía que se cumpliese con ese requerimiento de capacidad técnica.

La empresa, de recientísima constitución, no se denominaba todavía Factorenergia, como ya se ha dicho al inicio: era Energy Factory Group, SL, nacida con 500 000 pesetas de capital social (3006 euros), aportados por Emili, Román Rousaud y Jordi Ricou.

Una vez firmado el contrato con Montoliu, ya se cumplían los requisitos, en opinión de sus fundadores. En el acto, comenzó la preparación para acreditarse ante el Ministerio de Industria, que en aquel momento era también de Energía, Industria, Minas y Turismo.

Según iban sellando, dos copias, una devuelta y otra se quedaba en admisión, de repente, recibieron la llamada «de arriba». Lo demás, ya es sabido. Comenzaba una gran historia. En el mismo año 1999 obtuvieron la licencia de comercialización para Energy Factory Group.

En el diario *La Vanguardia*, el 17 de enero, aparecía la noticia, abriendo a cuatro columnas: «Nace la primera comercializadora independiente en España», pieza firmada por la periodista Dolors Álvarez. Como subtítulo: «[sic]EGF (es decir, Energy Group Factory) obtiene la licencia de Industria para distribuir a los grandes consumidores».

«La competencia en el sector eléctrico empieza, al menos, para los clientes industriales». Así comenzaba la pieza, que recogía que el nuevo operador era fundado por «tres jóvenes profesionales». En la foto, puede verse a Jordi Ricou, Román Rousaud y Emili, en una pose como de compás de espera. Quizá, esperando alguna autorización o algún papel del registro.

Por su parte, *El Periódico* también nos concedió una página y abría con el titular «Extraños en el imperio de las eléctricas», frase con la que se resumía de manera clara lo que significaba la irrupción de estos nuevos operadores en este mercado.

Jordi Ricou abandonó casi en el acto el proyecto, antes del aporte de capital firme, indispensable para el desarrollo de la empresa en el futuro, dedicándose a otras actividades en la vida. Sin embargo, a efectos históricos, es justo considerarle fundador. Aportó parte de esas 500 000 pesetas iniciales, cuya participación le fue devuelta y fue de los que apostó inicialmente por el proyecto. Pero desapareció para no volver más.

Es habitual que, en los procesos constituyentes de compañías, algunos promotores se caigan. El nacimiento de una empresa es algo muy difícil. Supone un riesgo, un desembolso de capital, una dedicación, una asunción de fuertes incertidumbres con el inevitable impacto personal, un paso adelante sin vuelta atrás... Un enorme vértigo.

Es muy corriente, por tanto, que, en los momentos iniciales, alguno de los socios originales abandone el proyecto. Seguramente, porque el grado de compromiso o convencimiento en el proyecto es menor que el de sus compañeros y si en el ínterin le aparece una buena oferta de trabajo por cuenta ajena, puede que opte por la opción más segura.

Ha pasado muchas veces en la historia del emprendimiento. No fue algo extraño lo que ocurrió en los inicios de Factorenergia. Si no se tiene nada tangible que ofrecer de inmediato, la fidelidad a la iniciativa languidece ante la opción de un buen sueldo, a cobrar de inmediato.

La publicación de esa noticia en *La Vanguardia* y en *El Periódico* puede considerarse, de facto, el pistoletazo de salida de Factorenergia. A partir de ahí, comenzó, de verdad, lo importante. El siguiente proceso fue aún más interesante ya que, como en todo negocio empresarial, para arrancar hacía falta un *business plan*. El actual máximo ejecutivo de Factorenergia hizo un proyecto de negocio totalmente inventado, porque se vio obligado a realizar una suposición de márgenes, de clientes y de todo en general, sin la menor base empírica. Si exigía formular hipótesis razonables a sus alumnos de la Pompeu Fabra, aquí le tocó hacerlo a él. El profesor de universidad tuvo que aplicarse sus exigencias académicas. Siempre es una buena experiencia vital tomar medicina propia.

Lo que tenía por delante era un negocio en apertura, pero con grandes operadores que poseían enormes masas de mercado cautivas y al que estaban por llegar gigantes internacionales. Constituía una incógnita total comprobar cómo podía responder la clientela, aunque se les bajara el precio.

Con ese *business plan* artesanal, a Energy Factory Group le surgían unas necesidades financieras de 400 millones de pesetas entonces, es decir, 2.4 millones de euros. La cifra actualizada serían unos 4.1 millones de euros, a cierre de 2023, conforme los baremos de actualización que aplica el Instituto Nacional de Estadística (INE).

Había que levantar capital de terceros; no había otra, porque una cosa es ser un buen ejecutivo, que, incluso, puede gozar de un pequeño patrimonio personal, y otra disponer del músculo financiero para aportar el *equity* necesario a una operadora eléctrica. No tenían tanto, ni de lejos. Gran parte de esos 2.4 millones se podrían obtener a partir de la actividad de la nueva compañía, pero para arrancar necesitaban una inyección de capital no pequeña.

Lo que hicieron los dos hermanos fue comenzar una ronda de contacto con posibles inversores, con ese plan de negocio bajo el brazo. Era preciso encontrar quien financiara el proyecto o ese audaz descaro mostrado en el Ministerio solo habría servido para impulsar la aventura liberalizadora más corta de la historia.

Mientras eso ocurría, Emili Rousaud todavía continuaba en la agencia WPP (recordemos, la compradora de Delvico Bates) aparentemente con toda normalidad. Sus planes de entrar en el sector energético no le restaban un ápice de tiempo a su trabajo ordinario, al menos, al principio.

Pero estaba claro que los requerimientos de la futura Factorenergia cada vez iban a ser más demandantes. El CFO de Delvico-WPP lo arreglaba como podía. Se ausentaba un rato por «un tema personal» y volvía lo antes posible. Sin desatender los asuntos de la empresa que le pagaba, pero prestándole cada vez más atención a sus planes de emprendimiento.

Pero un día tuvo que ir a Oviedo a ver a un inversor y ya no le fue posible cubrirlo con una escapada rápida. Así que llamó a la secretaria del consejero delegado, de nombre Joanna, y le dijo: «Mira, hoy no voy a ir, estoy enfermo». Joanna le contestó: «Eso es mentira, tú nunca has estado enfermo, ni mucho menos has faltado al trabajo por eso, invéntate algo mejor».

4
Como me hagas perder dinero, te diluyo del todo

«Yo se lo digo a Luis, pero me dirá que es mentira», le insistió Joanna. La respuesta de la secretaria estaba perfectamente fundada: Emili Rousaud no había faltado nunca al trabajo, hito que mantiene hoy en día. Pero en aquellos momentos, tenía que ir a Oviedo a presentarle el proyecto a Hidrocantábrico, hoy propiedad de la portuguesa EdP. También se lo enseñaron a Electrabel, a Catalana d´Iniciatives... no era extraño que en WPP empezaran a tener claro que su director financiero estaba con la cabeza ya en otra parte.

Entre uno de esos potenciales inversores, acudieron a una constructora catalana: Copcisa. Enseguida mostraron interés y quedaron como los candidatos finales más firmes, junto a la belga Electrabel, a través de su filial Elyo.

Las negociaciones avanzaban, pero, como suele ocurrir en estos casos, costaba arrancar la decisión final. En un proceso de compra y de venta, el posible comprador pide información. Empieza a marear la perdiz, pide más y más cosas... Pero llega un momento en el que hay que decidirse, y entonces los contactos se ralentizan. Ya no es una cuestión de más información, hay que decir sí o no, pero el que tiene que pagar comienza a ralentizar las negociaciones, a dudar, a pesar de estar cerca de un momento en el que no se puede alargar más la compra: toca una respuesta binaria y vinculante. Ese momento había llegado ya, a la vez que la paciencia de Rousaud se había agotado.

El fundador de la compañía volvió a tirar de arrojo y fijó un ultimátum: ambos potenciales inversores tenían de plazo hasta el 27 de abril, el mismo día de su cumpleaños, para dar una respuesta. Eso establecía un *deadline* prudencial para las partes, pero el primero que confirmara intenciones, se llevaba el gato al agua y se convertiría en el accionista de referencia, con las condiciones pactadas. El otro quedaría fuera.

Sorprendentemente, fue Copcisa quien confirmó. Una constructora catalana mediana, sin experiencia previa en el sector, dedicada a la obra pública, frente a una multinacional eléctrica belga. Los fundadores habrían apostado antes por Electrabel, pero la vida tiene estas cosas.

El factótum de Copcisa, Benet Carbonell, es otro personaje clave en la historia de Factorenergia. Fundador y presidente de Copcisa, no tenía un pelo de tonto, como toda persona hecha a sí misma, y no entró de buenas a primeras. En las reuniones previas con Emili, escuchaba pacientemente las explicaciones y, al final, solo decía: «¿Y usted, Rousaud; pero usted qué pone...?». Y él contestaba que ilusión, trabajo, la asunción del riesgo de dejar un empleo estable, y, cuando terminaba sus argumentos, volvía a lo mismo: «Sí, sí, Rousaud, pero usted, realmente, ¿qué pone? Porque yo pongo mucho dinero y ¿usted qué pone?».

Al final, un casi desesperado Emili le dijo: «Yo le voy a traer mi declaración de la renta y me comprometo a bajar mi sueldo a la mitad hasta que la empresa gane dinero». Carbonell le dijo: «Por fin, ahora, Rousaud, le empiezo a escuchar».

Copcisa se adelantó a Electrabel a la hora de entrar en el proyecto, pero eso no constituía, ni muchísimo menos, un cheque en blanco para sus fundadores. Carbonell, viejo zorro, avisó a Emili Rousaud: «Yo voy a aportar el capital comprometido, pero si usted pierde dinero y necesita más, le voy a diluir hasta que se quede usted en nada, porque usted no va a poder seguirme a la hora de aportar más capital. Y le voy a diluir hasta el infinito. Y si le tengo que sacar de la firma, le saco». Las cosas, claritas.

Esa frase marcó la hoja de ruta de la empresa: rentabilidad sí o sí. Esto ya no era una hipótesis, eran los negocios en la vida real. El nuevo ejecutivo de la compañía nació con la idea metida entre ceja de una compañía rentable. Aún faltaban más de diez años para escuchar todo eso de las *startup* y las rondas de capital, pero él ya tenía claro que el desarrollo de su proyecto no iba de crecer a costa de comprometer la rentabilidad e incrementar las pérdidas, y que otros paguen la fiesta. Eso no podía gestionarse a base de quemar capital, apalancándose en expectativas exponenciales de crecimiento, que pueden llegar o (casi siempre) no. Eso iba de administrar el primer dinero con la mayor inteligencia posible, porque no iba a haber más. Había que entrar en números negros lo antes posible.

Copcisa entró haciéndose con un 70 % del capital, mientras los hermanos Rousaud se hicieron titulares de un 15 % cada uno.

La gestión de aquellos años tenía como marchamo, grabado a fuego, de que el crecimiento tenía que llegar, siempre supeditado al no incremento de pérdidas. Crecer era la premisa básica, pero la velocidad del mismo era la clave. Era preciso pilotar un despegue ordenado, casi armónico. La base de clientes debía incrementarse, pero sin incurrir en espirales de gasto. Cosa que se logró en el año 2007, cuando llegaron los primeros beneficios operativos.

Desde entonces, siempre se han cerrado los ejercicios en positivo, a excepción del año 2021, cuando se produjo el incremento inesperado en las materias primas energéticas por la guerra de Ucrania. ¿Las claves de la rentabilidad? No hacer tonterías y no gastar lo que no se tiene. Parece una simpleza, pero este tipo de lenguaje es el que emplean Warren Buffett o Amancio Ortega.

Es cierto que en los manuales de la banca de inversión se suele vender como modelo que implementar la idea de endeudarse mucho para ganar tamaño y entonces, fijar precios y alcanzar una rentabilidad estratosférica (otros lo llaman, simplemente, quemar dinero). En Factorenergia nunca se planteó eso. Ni siquiera se utilizó la política monetaria laxa como instrumento para ampliar el endeudamiento con costes bajos. En el grupo saben de sobra que hacer eso es poco menos que el camino directo al concurso de acreedores, porque si suben los tipos de interés de manera abrupta, no se puede hacer frente al apalancamiento. Cosa que, por cierto, ha ocurrido entre 2023 y 2024, cuando el precio del dinero se ha incrementado del 0.25 % al 4.5 %, y se ha llevado por delante a bastantes operadoras de gas y electricidad, que no eran más que simples conglomerados financieros, dedicados a arbitrar entre los tipos de interés al cero y los precios del mercado. Cuando gozaron de un diferencial positivo, sacaban pecho, inundaban el mercado de publicidad y presumían de eficiencia ante los grandes. Pero en cuanto se ha reducido el margen meramente financiero, han caído como fruta madura, ya fuera por la subida de tipos o, también, por el citado encarecimiento energético generado por la Guerra de Ucrania. Realmente, no eran empresas, eran vehículos financieros instrumentales, incapaces de afrontar los altibajos del mercado.

5
Por fin, nace Factorenergia: «Ni éramos ingleses, ni grupo, ni teníamos factorías»

EFG nació con un nombre en inglés, pero ¿cómo apareció su actual denominación?

Ocurrió al poco tiempo de obtener el registro. Emili Rousaud participaba en unas jornadas sobre la liberalización del mercado eléctrico en Barcelona. Hablaba con él un portavoz de Enron. Lo hizo desde el pedestal invisible de quien se considera un campeón global. El discurso era el ya citado anteriormente: Enron era la empresa más dinámica, la más grande del mundo, y querían ser los más grandes de España. Los mejores. El objeto de envidia generalizado.

Cuando le tocó a Emili, empezó diciendo que posiblemente él era el más pequeño de España y quizá del mundo. En el turno de preguntas levantó la mano un asistente y le dijo: «Usted tiene una empresa que se llama Energy Factory Group, o sea, nombre inglés; usted tiene apellido francés y nos quiere convencer de que su empresa es española y catalana..., ¿pero usted qué argumentos tiene?». Este asistente que interpeló a Emili resultó ser el prestigioso asesor energético José Enrique Vázquez que contribuyó al éxito del proyecto al prescribir —por precio y servicio— la compañía a sus clientes, en un momento en el que cambiar a una comercializadora no histórica se percibía como un riesgo, y con el que mantiene unos fuertes lazos de amistad.

El fundador tuvo que defender que su tatarabuelo era francés, pero él de aquí. De hecho, ni siquiera hablaba francés. Sin embargo, aquella pregunta fue clave. En ese momento tuvieron claro que, con un socio de referencia catalán, tocaba cambiar el nombre. Así se lo aconsejaba, además, Pedro Maqueda, consejero delegado de Copcisa; hombre de confianza de Benet Carbonell, que siempre estuvo muy encima de la gestión de la compañía de nuevo cuño en la que acababan de entrar, y quería un cambio de razón social porque «ni somos un grupo, ni somos una factoría, ni una fuente de energía».

Hicieron un *brainstorming* y surgió el nombre Factorenergia. Les gusta que aparezca escrito así, todo junto y sin acentos. Entre los empleados y afines, se refieren a ella simplemente como Factor. Un nombre que, la verdad, está muy conseguido. Seguro que una empresa de *branding* habría cobrado un dineral por él. Pues se le ocurrió a los Rousaud, en compañía de Pedro Maqueda.

De este último aprendió mucho Emili Rousaud. Ingeniero de caminos y muy exigente, le obligó a nuevos retos personales. Exigían, pero ayudaban. Rocoso, como es la naturaleza de Copcisa, pero honesto y sensato.

6
Cuatro gatos y a picar piedra

La empresa nace con la friolera de cuatro personas en el equipo, aparte de Emili Rousaud y su hermano: una administrativa para recepción y secretaria, en general, de todo y de todos. También, un ejecutivo de Red Eléctrica (actual Redeia) para que llevara la compra de energía en el mercado y un empleado de Endesa (Fecsa en Cataluña), para llevar los aspectos relacionados con el *switching* de los clientes (la 'portabilidad' en el sector eléctrico). Para la parte contable (pagos de nóminas, impuestos, alquiler, etc.) comenzó a pasarse un ejecutivo de Copcisa. Todavía no había excesiva carga de trabajo y con un programa tipo Contaplus podían funcionar para llevar la gestión ordinaria de la compañía. Román Rousaud se encargaba del área comercial y Emili, el CEO, hacía un poco de todo: desde la estrategia a la gestión financiera, pasando por las contrataciones o hablar con el conserje de la oficina. Podría decirse que, efectivamente, nacieron siendo cuatro gatos, como reza el dicho popular.

También, se contrató una empresa que desarrollara un programa informático para gestión de la energía y comenzaron su curva de aprendizaje a partir del primer cliente que captaron, que era una empresa del grupo Copcisa llamada Pabasa, es decir, Pavimentos Barcelona SA.

Fue el primer usuario y la relación inicial estuvo basada en el compromiso con ciertas dosis de voluntarismo. La garantizaron el suministro a buen precio, pero a cambio le pidieron un poco de paciencia y hacer algo la vista gorda, mientras aprendían el proceso de compra y facturación. Primero, se hizo todo manualmente, de modo casi artesanal, para ir generando la experiencia precisa para implementar los procesos informáticos y desarrollar una herramienta eficaz.

Esa herramienta es la que todavía utiliza la compañía hoy, es decir, la experiencia cliente y curva de aprendizaje recorridas fueron claramente satisfactorias.

Todo era nuevo para la compañía. Nadie disponía de experiencia real de un mercado liberalizado que acababa de arrancar. El ejecutivo contratado de Red Eléctrica conocía perfectamente el funcionamiento del sector, pero la compra en sí en el mercado mayorista, recién implementado, no la conocía. Y la persona vendedora responsable del *switching*, altas de clientes, etcétera, sabía de equipos de medidas, de contadores (en aquella época, era obligatorio la instalación de uno nuevo por cada alta), pero también se enfrentaba a problemas a diario.

El cambio de contadores para grandes consumidores (capex inicial), por cierto, frenó el arranque de la liberalización en gran medida, porque además eran unos contadores bastante caros que mermaban la rentabilidad. Esta medida fue anulada con el tiempo.

Esos fueron los primeros y modestos pasos de la firma. Con el tiempo, tras algunas operaciones corporativas y cientos de empleados ya en nómina, algunos abogados le dijeron a Rousaud que su fiscalidad personal estaba muy mal optimizada. ¿Cómo era posible que el fundador, con un máster en Derecho Fiscal, no hubiera estructurado mejor su propia fiscalidad? Porque nunca imaginó que la empresa fuera a crecer así. Una cosa es que siempre tuviera la esperanza de alcanzar el éxito, pero casi siempre es imposible cubrir los riesgos del éxito futuro, cuando estás con un presente fascinante, pero a la vez casi asfixiante. Como reza el dicho, ojalá tengamos que preocuparnos de eso más adelante.

Mientras comenzaban a subirse escalones, ¿cuál era la estrategia para atacar a los potenciales clientes? Porque toda empresa vive de sus ingresos. Su fundador era consciente de que no iba a pedir más dinero a sus accionistas y estos, a su vez, le habían avisado: «Si hay pérdidas, te diluiremos». Sin olvidar, además, que tenían otra opción: relevarle (dicho en román paladino: ponerle en la calle), que no en vano tenían el 70 % de la firma.

(Por cierto, encontrarse cesado es otra de las circunstancias habituales en la constitución de una *startup*. Son numerosas las veces en las que un fundador de una empresa, cuya naturaleza está basada en una gran idea suya, se lleva la sorpresa de que, una vez capitalizada la compañía, es relevado, porque los accionistas tienen una hoja de ruta diametralmente opuesta a la del *founder*. A este le parece la injusticia más grande de la historia, pero es lo que tiene ponerse en manos de otros que aportan el dinero. Ese riesgo siempre lo tuvo presente Emili Rousaud, aunque 25 años después no se ha dado el caso, ni remotamente).

El principal obstáculo para la captación de clientela fue algo más que curioso: cada vez que contactaban con un potencial usuario, tenían que explicarle que se había liberalizado el mercado, y que eso permitía el cambio de empresa suministradora, porque no se hizo una campaña pública al respecto. No se informó a nadie desde las instancias oficiales y ya se ha dicho que la información que aparecía en la prensa era muy extensa y, sobre todo, árida. No llegaba a quien debía llegar.

El desconocimiento, por tanto, era el caldo de cultivo para los comerciales que querían vender un nuevo mercado al usuario. Algo así como si un vendedor de televisión por plataforma fuera a presentar los partidos de Liga y que el potencial suscriptor le contestara, para empezar: «Ah, ¿pero se puede ver el fútbol por otro sitio que no sea la televisión de antena?». Eso constituye un gran obstáculo de entrada, porque impone la obligación de ruptura de esquemas mentales del cliente.

De nuevo, queda patente que esa liberalización se había realizado pensando en las altas esferas empresariales, no en las nuevas compañías..., ni mucho menos en los usuarios.

Los comerciales de Factorenergia tenían que efectuar una auténtica labor didáctica con el potencial cliente, que no entendía cómo, si la línea eléctrica que entraba en su casa era de Endesa (ese era el caso entonces, ya que Factor empezó a operar en Cataluña, donde dominaba la antigua Fecsa, asumida por Endesa en 1999), ¿cómo va a ser posible que me vaya a suministrar otro? Había que explicar la liberalización del mercado, incluso enseñar en algún soporte físico la ley, aclarar cómo funcionaba y realizar hacer muchas analogías.

Esos fueron años duros, de cinturón apretado. Pero los peldaños comenzaron a subirse. Poco a poco, la compañía se fue haciendo un hueco, porque ofrecía una cosa que gustaba mucho a sus clientes y constituye la esencia de la liberalización: buen precio. Ahorro. Por el bolsillo se conquista a casi todo el mundo.

«Una labor de picar mucha piedra», ha comentado en ocasiones Emili Rousaud, que recuerda que en 2010 le invitaron a un desayuno con socios en PWC y una socia, excompañera de carrera le presentó diciendo que era un empresario de éxito. Y él dijo a los socios: «Empresario de éxito hoy, pero entre 2000 y 2008 no me habríais invitado ni a un café». Los viejos buenos, pero duros, tiempos siempre se recuerdan con cariño y quien ha tocado el triunfo desde abajo no deja de tenerlos presentes nunca.

La expansión de la empresa empezó desde Barcelona y se fue extendiendo por toda España, pero costó, porque prácticamente hasta 2008 no llegó un nuevo paso en liberalización del mercado: la alta tensión. Por fin alcanzaba a los grandes clientes, que son suministrados con redes de alta capacidad, porque tienen enormes volúmenes de consumo.

Comenzaron a llegar los primeros clientes potentes de la compañía: algún grupo hotelero importante, la sede del Deutsche Bank en el paseo de la Castellana de Madrid; Aigües de Terrassa (hoy, Taigua, empresa municipal, pero en su día fue privada), que contrató el servicio para sus depuradoras de agua, etcétera.

7
Primeros beneficios, primeros problemas y un gran hito: la tarifa libre

El primer año que se obtuvieron beneficios fue 2007, de unos 200 000 euros, mientras la velocidad de crucero era de unos 300 clientes nuevos captados por año. El animalito del bosque, que había salido de la nada y con el que no se contaba en el proceso de liberalización, comenzaba a molestar a las grandes corporaciones, al igual que lo hace una chinita en el zapato. Como reflejo de esto, puede citarse un ejemplo: en Barcelona, habían captado el legendario edificio de la Pedrera, maravilla diseñada por Gaudí en el *passeig* de Gràcia, y Endesa-Fecsa presentó una contraoferta que Factorenergia no podía igualar sin incurrir en pérdidas. Cosa que no hizo Emili Rousaud ni en broma: la merma de la operación habría sido de 6 millones de pesetas anuales (36 000 euros) y, antes que hacer eso, por representativo que fuera el cliente, prefería invertir ese dinero en fichar otro comercial. Por mucho edificio emblemático que se pudiera haber captado.

El éxito nunca es un camino de rosas, aunque desde fuera siempre lo parece. Ese pequeño revés fue la prueba palpable de que estaban haciendo bien las cosas. Obligaban a reaccionar a la competencia. No pudieron hacerse con la Pedrera, pero quien la mantenía, lo tenía que hacer a pérdidas.

El futuro iba a estar plagado ya de grandes y pequeñas victorias, pero también de pequeñas derrotas, porque los problemas son inherentes a toda actividad y más donde existe una competencia tan feroz, antes enemigos tan potentes.

Desde 2007, Factor siempre ganó dinero, excepto en el comentado 2021, ejercicio en el que hizo mucho daño la geopolítica de Putin y su impacto global que en los precios de la energía. Hoy, con más de 300 000 clientes, la compañía tiene otra dimensión, cimentada ladrillo a ladrillo, cliente a cliente.

En Factor no solo ofrecían valor añadido con el precio, también disponían de un producto que no existía en el mercado: la tarifa libre, indexada a mercado, es decir, al precio fijado en el *pool*. Similar a las hipotecas variables, que están ligadas al Euribor (entonces, Mibor). Un hito sin precedentes en la industria que introducía, en primer lugar, flexibilidad. Si la compañía era capaz de obtener un buen precio en los mercados mayoristas, había que trasladarlo de inmediato al cliente, con el consiguiente ahorro.

De hecho, esta ha sido una constante en las campañas publicitarias del grupo: «Con Factorenergia, ahorre hasta un *x* % en su factura de la luz», reza de manera recurrente el eslogan publicitario.

¿Cómo se les ocurrió? Observando el mercado. Cuando la empresa empezó a operar, descubrieron que el precio de la energía era volátil y en aquella época, dependía mucho de si el año en España era húmedo o seco, dado el alto peso de la generación hidroeléctrica. En años húmedos la energía era barata, en años secos, cara. Esto ha cambiado bastante en los ejercicios recientes, porque el parque de generación ya no tiene nada que ver con el del pasado, pero a principios de siglo era así.

El nuevo modelo de contrato constituía un producto algo complejo, con su cara A y su cara B, como les ocurre a las hipotecas variables, que pueden bajar, pero también subir. En un año bueno, al cliente le encantaba pagar menos, pero, en un ejercicio seco, protestaba cuando subía la factura. Incluso, a pesar de que, casi siempre, el saldo en el período de tiempo acumulado fuera favorable.

El primer cliente al que le encajó ese producto fue Nestlé, que lo contrató para su planta de Avidesa en Madrid. Y reflejó a la perfección esta doble capacidad: el primer año fue muy bien, porque hubo año húmedo, pero el segundo hubo algo más de sequía y el precio fue más caro. Entonces, el principal ejecutivo llamó a capítulo a Factorenergia, quien se defendió, aduciendo que, en el cálculo de los dos años, el ahorro seguía siendo considerable.

Pero el CEO de Avidesa contestó que no puede argumentarle al consejo de administración que se mantienen con cifras de ayer. «El año pasado no existe», le dijo. Lo que pasó en el pasado ya no cuenta y ese es un aprendizaje del que tomó buena nota Emili Rousaud.

Por encima de todo, este hito merece un pequeño espacio de reconocimiento para la empresa, ya que puede ser considerada la inventora de la tarifa de mercado libre, referenciada al precio del mercado mayorista (*pool*). Dejar la impronta en una industria es algo muy importante y no todo el mundo lo consigue. Incluso muchos grandes líderes mundiales presumen de que no han inventado nada, simplemente, han sabido desarrollar de manera eficiente buenas ideas de otros. Este no es el caso: aquí se inventó un producto que todo el mercado copió y, además, la empresa supo pulir las aristas del mismo.

Aun así, había que aplicarse para limar esas cortantes aristas que causaba la cara B del producto, que siempre provocaban protestas por parte del cliente. Era posible cubrir, dentro de lo posible, el riesgo de subidas del mercado.

En aquellos tiempos en los que Factorenergia daba sus primeros y titubeantes pasos, los ejecutivos de Enron fueron los primeros en explicarles que existían unos productos financieros, llamados contratos financieros por diferencias (CFD), para cubrir ese riesgo de mercado.

Mediante un contrato de derivados, se establecía una cobertura que les protegía de la subida del precio. Un seguro financiero, muy habitual en las altas finanzas. Para el lector no avezado, consiste básicamente en pagar una prima, que se ejecuta totalmente si se supera una determinada cotización. De esta manera, en el caso de una subida fuerte, se permite mantener el precio dentro de un rango, con algo de encarecimiento, pero no todo, explicado de manera gruesa. Y se evita trasladar al cliente un incremento fuerte.

Implementaron esa cobertura tras una primera reunión sostenida con un gestor de Londres de Enron, junto al responsable en España del ex gigante eléctrico, Enrique Giménez Sáinz de la Maza. Ambos realizaron una presentación en PowerPoint sobre el mercado y sus opciones en el mercado electrónico, donde Enron había sido la controladora absoluta en Estados Unidos y parte del mundo. Sus prácticas de *trading* fueron algunas de las causas de su megaquiebra, pero tenían más conocimiento que nadie.

Por cierto, en la última página de la presentación aparecía un *slide* que rezaba «Compramos Factorenergia». Corría el año 2002, muy poco antes de que desapareciera totalmente la firma (la mejor *utilitie* del mundo). Así razonaba y operaba dicho gigante, incluso instantes antes de caer con estrépito: «Hola, buenos días, voy a comprarte».

Por supuesto, en Factor le dijeron que no había interés vendedor, pero sí (y mucho) en esos productos de cobertura financiera. Así, contrataron con ellos. Tardaron varios meses en ponerse de acuerdo en la aportación de garantías mediante aval, para el caso en el que el CFD venciera contra los intereses de Factor y les tocara pagar. En poco tiempo, Enron quebró definitivamente y recuperar el aval les costó Dios y ayuda. Nadie descolgaba el teléfono, pero el banco les exigía que devolvieran el aval físico.

Tuvieron que hacer una gestión hasta en Ginebra para recuperar unas garantías de unos 200 000 euros, que para ellos era mucho dinero. Para continuar con esta operativa, contactaron con Texas Utilities (TXU), otra multinacional que ofrecía la misma sofisticación financiera. ¿Qué ocurrió? Que, al poco tiempo, la división europea de TXU quebró también, aunque en este caso los avales se recuperaron con mucha más facilidad.

Emili Rousaud recuerda que, mientras que los operadores grandes le exigían avales por la inseguridad que les ofrecían pequeñas firmas independientes como Factor, los colosos iban quebrando. De tal manera, que en la negociación con la siguiente operadora para los CFD, Eletricidade de Portugal (EDP), fue Factor quien les exigió un aval.

Es algo así como ir al casino y, antes de poner el dinero para el cambio de fichas, que el jugador le exija al propio casino que le enseñe dónde está el dinero.

Los portugueses montaron en cólera ante semejante exhibición de impertinencia, pero cuando les explicaron los casos anteriores, al menos, se lo tomaron con humor. Con el tiempo, continuaron realizando coberturas con los suizos EGL (posteriormente Axpo), de manera recurrente.

8
PIMEC y ACIE: hay que plantar cara a Goliat como sea

Constituirse en empresa significa ser un actor de la vida económica y social. Entrar en un entramado de relaciones empresariales, siempre pensando en la manera de dar el mayor mordisco al mercado, lo que significa estar pendiente de asuntos regulatorios..., por lo tanto, no estar demasiado ajeno a lo que se cuece en las altas esferas políticas.

Es imposible abstraerse de todo ello cuando se gana un mínimo tamaño y menos, si se opera en una industria regulada, como es el caso. En cuanto Factorenergia fue una realidad, su CEO buscó asociarle en patronales que protegieran su posición y le ayudaran en la defensa de sus intereses. Porque, al final, el mundo de los negocios casi siempre es una compleja madeja de contactos cruzados que hay que manejar con cuidado, teniendo siempre muy claro el lado de la frontera en el que se milita.

Como primer paso, buscó asociarse a la principal patronal catalana, Foment del Trabajo Nacional (Foment), pero su presidente era Joan Rosell, expresidente de Fecsa y en esos momentos, consejero de Endesa. La cosa chirriaba, ya que concurría un caso de competencia empresarial, pero, por encima de todo, era otra liga.

Eso lo ha tenido claro siempre el fundador de Factorenergia: hay que estar en los entornos que corresponden por cuota de mercado, facturación e historia. Así, giró su mirada hacia PIMEC (Petita i Mitjana Empresa de Catalunya), una patronal de la pyme fundada tras el franquismo, que recibió a la compañía con los brazos abiertos.

El encaje fue perfecto. PIMEC es una asociación transparente y ágil, características muy coincidentes no solo con Factor, sino con toda pyme que quiera sobrevivir en el actual mundo globalizado. La relación ha discurrido siempre en perfecta sintonía, con un acuerdo incluido de condiciones especiales por parte de Factorenergia a miembros de la asociación.

A raíz de la crisis financiera de 2008, comenzaron a surgir rumores de fusión entre PIMEC y Foment, sobre las que se estuvo trabajando de manera oficiosa. Algo que disgustaba a un enorme número de afiliados, deseosos de mantener a toda costa la independencia patronal, antes que diluirse en un gigante, para desaparecer con toda seguridad.

El argumento contrario defendía la constitución de asociaciones más fuertes para ofrecer mejores soluciones a dicha crisis.

Las negociaciones existieron y llegaron a avanzar, pero nunca estuvo cerca la posibilidad de un acuerdo real.

El 27 de octubre de 2009, en una información firmada por Xavier Salvador y Antoni Fuentes en *El Periódico*: «Foment aplaza la fusión con PIMEC por las críticas internas».

Dicha información comenzaba así: «La fusión de las dos grandes patronales catalanas tendrá que esperar. El presidente de Foment del Treball, Joan Rosell, y el resto de la junta directiva afrontan una crisis interna al no haber convencido a un sector de la organización reticente respecto a la unión con PIMEC. En un escueto comunicado, Foment se escudó ayer en el esfuerzo necesario para salir de la crisis como justificante de que las acciones destinadas a la unificación del mapa patronal en Catalunya».

Otra escueta frase, al final de la noticia, daba la clave real de la imposibilidad de esa unión: «La complejidad de unir dos estructuras con funcionamientos diferentes». Ligas distintas.

Entre los opositores a dicha unión estaba el propio Emili Rousaud, que llegó a plantearse concurrir a las elecciones de 2014 para presidir la organización si continuaban los intentos por fusionarse con la gran patronal.

Rousaud tenía muy claro que la defensa de la pyme se ejercería siempre de manera más efectiva desde una asociación propia, no embebidos en una gran patronal catalana cuyo interlocutor real es la Confederación Española de Organizaciones Empresariales (CEOE) española, donde militan las grandes corporaciones. La pequeña empresa necesitaba su asociación empresarial propia.

Tras unas entrevistas con el histórico presidente, Josep González y su secretario general, Antoni Cañete, quedó convencido de que esa fusión no se iba a abordar, por lo que desestimó presentarse candidato. Poco tiempo después, sin embargo, ambos le propusieron entrar en la junta directiva, a lo que accedió encantado. Transcurridas las elecciones, donde González no tuvo problema en repetir mandato, Rousaud ascendió también a la comisión ejecutiva, como vicepresidente tercero.

El 10 de diciembre de 2015, el diario *El País* publicaba «PIMEC entierra por imposible el proyecto de fusión con Fomento». La noticia, firmada por Lluís Pellicer, reproducía las palabras de Josep González, en las que afirmaba que «el único modelo efectivo es el que separa la representación de las grandes empresas y el de las pymes. Si bien todas las patronales comparten objetivos, el esquema CEOE-Cepyme acaba por supeditar los intereses de las pequeñas y medianas empresas a los de los grandes. La fusión fue una obsesión por el bien de las empresas. Ha habido buena voluntad por todas las partes, pero con la perspectiva del tiempo vemos que es misión imposible. Queríamos hacer una mezcla que no podía funcionar. No podíamos reproducir el mismo modelo que el de la CEOE y Cepyme».

Lo decía González, pero lo defendía a capa y espada desde el principio Emili Rousaud. Hoy, PIMEC sigue existiendo como entidad independiente. Y las relaciones con los grandes no ha estado exenta de tensiones. El 11 de diciembre de 2018, Agustí Sala y Gabriel Ubieto escribían en *El Periódico*: «PIMEC carga contra Foment del Treball». Ese era el título, pero la pieza iniciaba con «Resurge la pugna entre patronales. El presidente de PIMEC, Josep González, ha cargado hoy contra Foment por su "prepotencia" en la gestión del conflicto por la representatividad de las patronales catalanas».

Era solo un espolón más de unas relaciones que no han sido sencillas y en los años recientes han estado marcadas por el enfrentamiento con Joaquím Gay de Montellà, presidente de Foment, mientras PIMEC ha defendido, desde la libertad ideológica de todos sus afiliados, facilidades para los empleadores con las cotizaciones sociales, el alargamiento de las bonificaciones para colectivos especiales y una batería de medidas encaminadas a favorecer a las empresas, especialmente a las pymes.

Porque nuestra economía es un mercado en el que las compañías de tamaño reducido suponen alrededor del 90 % del tejido empresarial. Sin embargo, parecen las eternas olvidadas del debate político.

En las últimas elecciones, hubo un cambio de presidente en la patronal de la mediana empresa catalana. En enero 2021, Josep González, con más de setenta años, daba un paso al lado y pasaba a presidir la fundación PIMEC. Le sustituyó Cañete, que se impuso a una candidatura netamente independentista, algo que la actual directiva de esta patronal rechaza. La junta que comanda la institución defiende la libertad de pensamiento, pero PIMEC está para defender los intereses económicos de los asociados, no para defender posiciones políticas.

Uno de los principales logros de la asociación ha sido la lucha contra la morosidad, porque existía un gran problema con determinadas subcontratas, que cobraban a un tiempo indefinido, incluso a más de un año. Algo que hace poco menos que inviable la supervivencia para una pequeña y mediana empresa, tan dependiente siempre de los pagos y la tesorería.

La institución ha colaborado estrechamente con la Plataforma Multisectorial contra la Morosidad, fundada en 2005 por el propio Cañete, para defender a las empresas proveedores, especialmente las que contratan con el sector, público tan lento siempre en sus pagos como exigente en los cobros.

La presencia en PIMEC también le dio acceso a la Cambra de Comerç de Barcelona en 2019, ya que la patronal de la pequeña y mediana empresa tenía derecho a tres posiciones en la cámara. En los siguientes comicios camerales, en 2023, Emili Rousaud cedió su silla patronal de buena gana a petición del presidente de PIMEC y se presentó para ocupar la silla del epígrafe 1 en la candidatura «va de empresa» liderada por Josep Santacreu y enfrentada a la candidatura «eines de país» con perfil ideológico independentista liderada por Mónica Roca, se ganó y actualmente Emili Rousaud está presente en el pleno de la Cámara y es miembro del Consell General de la Fira de Barcelona.

Mientras todo esto ha ocurrido en el interior de Cataluña, ¿cómo ha sido la relación de Factorenergia con las grandes compañías nacionales, así como con la histórica patronal UNESA? (renombrada AELEC [Asociación de Empresas de Energía Eléctrica] en 2018, pero hoy en día se le sigue recordando por su nombre anterior entre los miembros de la industria).

Complicada, también, como no podía ser de otra manera. En 2002, conforme Factor ganaba más clientes, más molestaba a los grandes operadores. En una ocasión, se impusieron en una licitación para suministro a una agrupación de empresas pertenecientes a las territoriales (Baix Llobregat, Sabadell, Baix Besòs, Vallès Oriental, Anoia y Penedès) de la ya muy citada patronal Foment. Todas ellas, lideradas por la AEBALL (Asociación Empresarial para el Bajo Llobregat) e impulsada por su gerente Rosa Fiol, se habían puesto de acuerdo para hacer una compra agregada de energía que beneficiara a sus empresas asociadas y, de esta manera, el ganador suministraba en las condiciones pactadas. Un buen cliente numeroso.

Fue un gran contrato, lo malo es que el contendiente fue Endesa, es decir, la primitiva Fecsa. De hecho, que Factor se impusiera fue doblemente sorprendente, ya que el presidente de Foment, como se ha apuntado, era Joan Rosell, histórico miembro de Endesa y su filial catalana Fecsa. La compañía puso todos los problemas que pudo con el *switching*, que afectaba a un buen número de clientes, a pesar de que la ley establece que en un ciclo que normalmente es de un mes, se tiene que tramitar. Pero entonces, aquello era muy nuevo. ¿Qué era aquello de que le dijeran a una gran empresa que se desconectara para que le captaran los clientes una pequeña recién llegada?

Fecsa-Endesa, simplemente, no lo hacía. Llegó un punto en el que se vieron obligados a interponer una demanda contra el gigante energético, una demanda por abuso de posición de dominio en el mercado. La demanda se interpuso en el año 2003 y, tras una serie de recursos y contrarrecursos, llegó al Tribunal Supremo, donde se otorgó la razón a Factor. Nada menos que diez años después.

Algo que causó mucha frustración en la compañía barcelonesa, porque ¿qué daños y perjuicios se pueden solicitar sobre clientes que igual ni existen a esas alturas? Una clara muestra de que, en la vida real, casi siempre gana Goliat, no David.

Pero la realidad es que en la patronal Unesa sentó muy mal la querella. Se tomó como un *casus belli*, por varios motivos. Primero, la insolencia de que un recién llegado osara desafiar al *establishment* pero, todavía más importante, porque las principales empresas de dicha organización eran cotizadas (Iberdrola, Endesa, Unión Fenosa, Hidrocantábrico...) y actos de esta naturaleza les podía afectar a la cotización de manera sectorial, aunque el contencioso fuera solo con una de ellas.

En esos tiempos, Emili Rousaud fue citado por la dirección de UNESA, donde explicó que, si por el modo de actuar de las grandes corporaciones y el estatus histórico del que gozaban podían hundir su propia empresa, debían entender que él hiciera lo preciso para sobrevivir. Y si eso debía incluir, además, ruedas de prensa para explicar la situación a la prensa, así sería.

En 1999, se había constituido ACIE, la Asociación de Comercializadores Independientes de Energía. En su nacimiento están multinacionales recién llegadas, como la propia Enron, o SKS Energy (adquirida por la estadounidense Sempra Energy). Tiene, más o menos, la misma edad que Factorenergia.

Evidentemente, la compañía quiso estar en ella desde el primer momento. Al frente de ACIE estaba Alejandro Abati, como presidente, quien le solicitó mucha documentación de entrada, para comprobar su solvencia, cuenta de resultados, balance... Cosa que desanimó a la pequeña Factorenergia y se olvidó un poco del asunto. Si para dar entrada a uno de los suyos ponían tantos problemas, quizá no era la institución más adecuada.

ACIE entró en cuestión de poco tiempo en una especie de estado vegetativo, sin ejecutivos al frente (Abati se había marchado ya) y, seguramente, en una situación de languidez que era lo que más podría gustar a UNESA.

En Factorenergia lo detectaron e intentaron revitalizar la asociación, por lo que convocaron, a instancias de Emili Rousaud y de Joan Saurina y Joan Palau ambos de Gas Natural, una reunión en Barcelona invitando a todos los comercializadores independientes. Asistieron el encuentro, convocado en el hotel Husa L'Illa, en el mismo inmueble donde tiene su sede hoy Factorenergia, Gas Natural, CYD, Nexus Energía, Saltea Comercial, Céntrica (posteriormente comprada por el grupo Villar Mir, pasando a denominarse Energya VM), y EGL (Axpo)

El punto único de esa reunión era la constitución de una organización paralela a ACIE, distinta, pero con los mismos fines. En Céntrica, operadora británica, estaba Alfredo Huertas (ex-Enron), con buenos contactos y relación con lo que quedaba de ACIE. Así que, directamente, le solicitaron a la asociación que facilitaran los libros de actas y lo necesario para atribuirse la institución y ponerla otra vez en marcha o, definitivamente, constituirían una nueva.

Sorprendentemente, respondieron muy bien al requerimiento y entregaron todo. Llegados a este punto, las compañías representantes de este grupo que quería formar una nueva asociación vieron más práctico revitalizar ACIE, pero con las cartas bocarriba y dispuestos a reactivar la actividad en condiciones.

El resultado fue muy satisfactorio, porque mantener la asociación existente permitía acreditar una antigüedad y mantener una representación en distintos órganos, en lugar de comenzar todo ese trabajo desde cero. En este sentido, consideran crucial el impacto que tuvo la irrupción de Gas Natural. La asociación, a efectos operativos, nació en el año 2002, después de tres años vacilantes, en los que casi se disuelve. Y con uno de los grandes jugando en su equipo.

Durante los años siguientes a esta refundación, ACIE fue cogiendo mucha representatividad y hacía mucha falta, porque UNESA tenía un enorme poderío. Como anécdota, cuentan que alguna vez escucharon en el Ministerio de Industria que, cuando hacían un borrador, contaban con seis abogados del Estado, mientras la gran patronal acumulaba unos doscientos. Así, si ellos mandaban un documento sobre una ley de unas cincuenta páginas, la asociación eléctrica les devolvía comentarios y alegaciones de más de mil folios. No es que les costara analizar la respuesta, es que casi no podían ni leerla.

ACIE frente a UNESA era, claramente, David contra Goliat, pero al menos cumplía la labor de representar los intereses de los pequeños operadores. En esta segunda etapa, ocurrió algo también relevante. Como el impulsor había sido Emili Rousaud, además de liderar la defensa de derechos de los pequeños frente a los grandes, todos los miembros coincidieron en que él tenía que ser el presidente. Pero justo en esos momentos Iberdrola estaba negociando su entrada en el capital de Factorenergia. Había un serio riesgo de que Factor acabara siendo una filial de esa gran eléctrica, por lo que su fundador no podía ser el presidente de ACIE.

Rousaud, sin revelar unas negociaciones todavía poco maduras y, por supuesto, confidenciales, sugirió a sus compañeros que el presidente fuera Jordi

Sarrias, de Nexus, con gran sorpresa por parte del aludido. El número uno de Factorenergia se quedó como tesorero de la asociación, a pesar de que había sido él quien había acudido a Gas Natural para recuperar la esencia de la institución, había convencido a los demás operadores... Una de esas situaciones complejas en las que la vida te coloca a veces, de tintes algo surrealistas, incluso.

Hoy, ACIE es una enorme institución, con 22 afiliados, de la talla de Acciona Energía, BP, Cepsa, o Total Energies. Emili Rousaud pudo sacarse la espinita de la presidencia, siendo el presidente en el acto celebrado en febrero del 2024 de celebración del 25 aniversario de la asociación, al que asistió una nutrida representación institucional y empresarial.

Estos 25 años, ha podido comprobarse que Factor ha defendido unos mercados libres y abiertos. Lo ha hecho desde todas las instancias que ha considerado óptimas, capaces de defender de la manera más eficiente los intereses empresariales.

Si el simple registro de su compañía en el Ministerio de Industria fue un pequeño movimiento de audacia, esta voluntad de trabajar, sin ayudas, pero sin cortapisas, ha tenido continuidad en su actividad en las organizaciones corporativas. ACIE, PIMEC..., en todas ha defendido la importancia del libre mercado, pensando siempre en la pequeña y mediana empresa, alcanzando algunos hitos como el establecimiento del plazo máximo de pagos al proveedor a sesenta días o el desarrollo del mercado eléctrico para que asuntos como el *switching* se agilicen y permitan a los nuevos operadores desarrollar su actividad. Porque de eso se trata: trabajar. Sin favores, pero sin obstáculos.

En Factor están convencidos de que las organizaciones empresariales y las instituciones de representación no deben defender sus intereses, sino que pueden realizar una gran labor en pro de la economía y la sociedad.

9
Iberdrola: una minietapa de tres años

Los años fueron pasando y llegó el final de una primera etapa, toda vez que Factor ya era una pequeña gran realidad. Ya no podía ser considerada una *startup*. En 2005, Iberdrola entró en el capital, por lo que la empresa fundada por Emili Rousaud no solo contaba con un nuevo inversor ilustre de enorme relevancia en la industria energética internacional, sino que algunos medios de comunicación decían a las claras que la firma dejaba de ser una eléctrica independiente. Lo lógico era que la compañía vasca acabara absorbiendo a la catalana.

La entrada de la institución que entonces presidía Íñigo Oriol llegó por la visión de negocio de Salvador Font, director comercial de esa firma y un histórico ejecutivo de la energía, con trayectoria en Cepsa, Iberdrola, Sacyr y Repsol.

Con Font había muy buena relación en Factorenergia y fue el gran responsable de que los contactos iniciales cristalizaran.

La entrada de un socio de referencia de ese calado suponía un cambio de escenario radical. Todos se las prometían muy felices, ya que, sobre el papel, Iberdrola ofrecía importantes sinergias, que incrementarían el tamaño de Factor casi de manera natural.

Pero no fue así. La realidad es que esos tres años con Iberdrola, Factorenergia se quedó un poco parada. Ese gigante, miembro no solo del Ibex 35, sino del EuroStoxx 50, frenaba mucho la actividad, en una participada cuya gran característica era la agilidad.

Algunos lo llaman choque de culturas, pero lo cierto es que no hubo buena integración. Como tantas veces ha pasado, en los grandes colosos todo requería pasar trámites, instancias, filtros y más filtros. Recordemos que esa empresa, la mayor eléctrica española y durante mucho tiempo la más grande de todo el Ibex, es el fruto de la fusión entre otros dos líderes de antaño, Iberduero e Hidroeléctrica Española (Hidrola). Allí las burocracias y procesos se multiplicaban y, además, opinaba todo el mundo. Para un simple catálogo, por poner un ejemplo, exigían que pasara por marketing, por marca, por jurídico, por comunicación..., y el problema de estas compañías es que todo el mundo tiene que dejar su impronta. Rousaud recuerda con desagrado aquellos procesos, en los que el de jurídico acababa hablando de los colores, el de marketing opinaba sobre la tipografía y el de marca, sobre el producto.

Como aquello no era del todo imprevisible, cuando se firmó la entrada de Iberdrola, se había establecido una cláusula *put-call* que vencía a los tres años. Con ello, podía hacerse definitiva la operación o cualquiera de las dos partes podía deshacerla. Una opción de entrada o de salida, ejecutable por ambas partes.

Los fundadores hablaron con Copcisa. Factor estaba bien capitalizada entonces y no necesitaba apoyos de marca o simplemente financieros, si no iban a aportar valor palpable y concreto. Así que la ejecución de la *call* (opción de compra) llegó por su parte, los antiguos accionistas recompraron sus acciones. No fue Iberdrola quien se quiso ir, fue Factorenergia quien decidió no ser comprada. De paso, el hermano de Emili, Román, manifestó su intención de salir, si le compraban sus acciones a buen precio.

Factorenergia envió el burofax comunicando su intención de ejecutar la opción de salida y comenzaron los procesos de negociación con Iberdrola. Unas negociaciones que no iban a ser sencillas, ya que partían de la base de que la entrada del gigante energético había sido lesiva para su participada. Iberdrola había causado una importante merma por esa citada lentitud, que afectó a los procesos y al desarrollo ordinario del negocio. Factorenergia no solo no avanzó a la velocidad deseada, sino que incluso llegó a perder clientes en algún momento, fruto de esa esclerotización.

A Iberdrola se le planteó una recompra, pero en condiciones ventajosas para Factor. En el momento de la compra, había un capital desembolsado por la empresa vasca y se le solicitó una recompra a la baja, permaneciendo ese dinero en el interior de la compañía barcelonesa, para afrontar posibles lucros cesantes; quién sabe, incluso, si despidos u otras medidas drásticas. Que no tuvieron lugar, porque las cifras se recuperaron con rapidez, pero entonces esa posibilidad era bastante probable.

Emili Rousaud siempre reconocerá la caballerosidad de la eléctrica y su departamento financiero, que facilitó un acuerdo bueno para las partes, mediante el cual se generaba una pequeña plusvalía para los fundadores.

Cerca del cierre, apenas 300 000 euros separaban el precio de acuerdo y los ejecutivos de Iberdrola dijeron que por esa cifra no iba a haber un problema y que aceptaban lo planteado por Factor. Rousaud, agradecido, se dio cuenta de la liga en la que juegan las grandes corporaciones: 300 000 euros, para Factorenergia, era mucho dinero, casi una garantía de supervivencia inmediata. Para Iberdrola, una anécdota. «Le habría dado un beso y un abrazo», dice Emili, al recordar aquella negociación.

¿Por qué entró un gigante como la firma vasca en un pequeño grupo como Factorenergia, que no le aportaba nada en términos de negocio?

Por la innovación. El gigante, de cerca de 15 000 empleados, se había fijado en la compañía de poco más de una docena por su agilidad, visión y capacidad de implementar proyectos. Algo de lo que las grandes corporaciones carecen, en gran medida. Unas cuantas decenas de miles de clientes, que constituían el tamaño de la cartera de negocio de Factorenergia, eran poco menos que migajas para un gigante global como es Iberdrola. Realmente, el interés de la multinacional era incorporar a su estructura ese talento mostrado en pocos años, a lo largo de la vida de Factor. No pudo ser, a pesar de que Iberdrola, precisamente, es conocida en el mercado español por ser una de las compañías más incisivas y rompedoras, donde el perfil de su presidente, Ignacio S. Galán, se proyecta de manera vertical. Aun así, las velocidades de crucero de las dos empresas eran radicalmente distintas.

De nuevo, volvían a ser los de antes, solo que sin el hermano. La relación con Copcisa seguía siendo excelente, de hecho, se implicaron en la gestión algunas personas más: Ramón Carbonell, hijo de Benet e ingeniero industrial, muy motivado por los asuntos energéticos, que se sumaba a Pedro Maqueda, el CEO de Copcisa; el hombre del *rebranding* de la firma, siempre muy pendiente de su participada.

Con la marcha de Iberdrola en mayo de 2007, la compañía quedaba un poco en tierra de nadie. Factor era una compañía sin deuda, bien capitalizada como se ha apuntado, que se había gestionado bastante bien, pero que, por el contrario, era muy pequeña, con muy pocos empleados. Su hoja de ruta se mostraba algo insulsa, aunque no era preocupante, lo cual no era cuestión menor.

En plena crisis financiera (año 2008), su CEO se planteó, justo cuando las cifras de paro se estaban disparando en toda España (con los empleos cayendo como goterones de agua en una tormenta), que era un momento óptimo para fichar gente joven y muy talentosa. Era el contexto más adecuado para incorporar valor profesional a un coste razonable.

La medida fue importante, ya que la columna vertebral de la empresa, formada por gente que lleva en la empresa desde ese año 2008, fue creada con fichajes realizados alrededor de ese año. La mayoría de los puestos directivos de la compañía surgió de ese momento histórico en que se seleccionó una serie de personas para determinadas actividades, con buenos expedientes académicos, pero jóvenes, con la carrera por delante; porque la empresa no estaba para pagar sueldazos desorbitados. Se atrajo a gente muy joven y hoy ya llevan más de quince años en la compañía.

10
Los valores empresariales de Factorenergia

A la hora de contratar, Emili tuvo en cuenta tres cosas siempre, que constituyeron, además, los grandes valores de la compañía. En primer lugar, buscaba comprobar que los entrevistados eran buenas personas, porque si no es un individuo con calidad humana de verdad, ya no merece la pena continuar con el proceso. A lo largo de la historia de la entidad, ha habido algún que otro despido por las mejorables cualidades personales del empleado, que, pese a ser técnicamente bueno, generaba problemas: conflictos con compañeros, actuaciones de mala fe, etcétera. Aunque sea un gran profesional en lo técnico, si pisotea a los compañeros y genera conflictos, no sigue.

En segundo lugar, evidentemente, Factor evaluaba los conocimientos y las habilidades precisas para desarrollar el puesto de trabajo para el que contrataba, pero la tercera característica requerida era el grado de compromiso. Un empleado que fuera buena persona y capaz, si no tiene el compromiso necesario se irá a la primera de cambio. Con el tiempo, Factorenergia podrá presumir de un equipo muy bueno, de gente comprometida, de gente capaz y sobre todo de buena gente. Y muy amplio.

Llegaron Xavier Farriols (director de Negocio eléctrico y mano derecha de Rousaud), Alba Brullés, Albert Balsells, Luis Tusell, Oscar Vega, Elisabet Roura,

José Oliva, Alexandra Rincón, Lali Gras... Jugaba a favor de la compañía el que, de 2008 hasta mediados de la siguiente década, fuera un momento de poca o nula expansión económica en general. Los recién llegados pudieron centrarse en la compañía, sin estar pendientes de otros cantos de sirena.

Hoy, son ejecutivos superrespetados en su sector y empezaron en Factorenergia desde cero, bebiendo la cultura de la firma y, pese a ser novatos, poco a poco, pudieron ir expandiendo a sus equipos sus ideas. Porque todos tienen equipos debajo.

Para su fundador, ese proceso ha constituido un hito importante de la compañía, del que se siente especialmente orgulloso. Más de una vez se encontrará con algún exempleado que marchó a puestos mejor remunerados, pero que le reconocieron que: «La mejor compañía donde he trabajado ha sido Factor». Entre otras cosas, porque «todo el mundo va de cara». No hay lugar para las componendas ni los politiqueos internos de las grandes corporaciones: Factorenergia es, claramente, una empresa del siglo XXI. En valores y en estructura.

En otras grandes corporaciones hay gente que trabaja montada en la excusa. Sabe construir unas disculpas muy sólidas, siempre quejándose con enormes argumentos que generan muros de dificultades insalvables. Pero en las organizaciones ágiles, al final se impone la realidad, que son los hechos, o sea, los resultados. Las palabras están muy bien, pueden durar un tiempo, pero en última instancia lo que quedan son los hechos. El empleado debe dejar un legado. Esto forma parte de la cultura muy propia de la compañía, una empresa que se esfuerza en ser transparente, muy transversal y con gente muy comprometida. Que, como decía ese exempleado, va de cara.

No es extraño que en la cena de Navidad de 2010 acudieran 12 personas y 10 años después no cupieran en casi ningún restaurante porque superaban los 200. Hoy, se superan los 300 empleados.

11
Se cumplen etapas: adiós al primer compañero de batallas

Hasta la llegada de ese proceso incorporador de talento que cristalizó en el actual equipo directivo, la relación con Copcisa había sido muy buena. Sin embargo, las cosas comenzaron a torcerse un poco, precisamente en esos tiempos, cuando llegó la crisis económico-financiera de 2008. Una empresa como Copcisa, con una división inmobiliaria importante y mucha obra pública, empezó a pasar por serios problemas, como todas las de su negociado en aquellos tiempos, sin excepción alguna. Se vieron obligados a refinanciar su deuda con los bancos, quienes, a su vez, le habían cerrado el grifo a todo el mundo del sector. Y también a quien no lo era.

Una anécdota refleja esto a la perfección. Factorenergia ganaba dinero en ese mismo ejercicio 2008. Lo estaba haciendo por su buena gestión: tenían una base de clientes pequeña, pero sólida, con una estructura muy liviana. En esos días, el grupo eléctrico llamó a Bankinter y le pidió una propuesta de financiación, porque licitaban para un concurso público y la respuesta fue: «¿Pero vosotros no estáis con la constructora Copcisa?». «Sí». «Pues no vamos a hablar nada con vosotros», Rousaud se quedó perplejo e insistió: «Pero si solo tenéis que cruzar la calle», la respuesta fue tajante: «No hay nada de qué hablar». Fue un momento delicado, que hizo inevitable que al poco tiempo Copcisa levantara la voz de alarma.

El socio leal de los primeros tiempos confesó que los bancos le estaban exigiendo la opción de avalar con todo el patrimonio personal de los dueños del grupo constructor, pero los bancos no querían problemas con los tenedores de participaciones minoritarias en otras empresas, por lo que Emili Rousaud debería salir del capital de Factor por imposición de las entidades financieras. Los inversores a los que el fundador pidió que apostaran por el proyecto en su inicio, se la pedían a él ahora.

La situación era compleja y bastante irritante, por decirlo amablemente, ya que después de haber pasado lo peor y más difícil, Factor se veía ahora en un problema estructural por cuestiones totalmente ajenas. ¿Podría darse la situación de que la mayoría de capital, en manos de Copcisa, fuera embargada por un banco y este, a su vez, decidiera el destino de la compañía? Menudo desastre y menudo final para diez años de duro trabajo y empeño personal.

Una vez más, apareció el ingenio de Emili Rousaud, que presentó un nuevo modelo de *put-call*: la firma de su renuncia personal y venta de participación a un año vista, pero durante ese período, Copcisa debía darle una opción de compra para comprar su participación por 1.2 millones de euros. La cifra se estableció conforme una valoración externa. Rousaud pedía, por tanto, doce meses para encontrar el dinero que solucionara el problema. Aceptaron. La constructora y los bancos.

El planteamiento era bueno para Copcisa. Ya habían recuperado prácticamente todo su dinero con la operación de Iberdrola, por lo que ese millón largo de euros era beneficio en vena.

El presidente de Factorenergia disponía de un año para buscar una solución. Ahí empezó un proceso complicado, con Roca Junyent Consultores asesorando, en busca de un socio para sustituir a Copcisa.

Roca Junyent se puso a la tarea y comenzó a presentar a la compañía fondos de inversión de Madrid, algún *private equity* británico con sede también en la capital de España (JZ Capital Partners, con *ticker* en sus fondos JZI) y una *family office* del empresario Ramón Fajula.

Se decantó por JZI, por una cuestión de *feeling* personal por encima de la económica, aunque la operación fue estupenda, incluso para el propio Emili, al que le compraron a buen precio un paquete de acciones.

Todo se cerró en julio de 2010. Copcisa se iba con unas buenas plusvalías en el bolsillo: recuperó lo invertido con la operación de venta a Iberdrola. A eso, había que sumarle 1.2 millones más. Una operación excelente.

Atrás quedaba la relación con el exigente Pedro Maqueda, el hombre de confianza de Benet Carbonell, o con el propio patriarca de la constructora, que falleció en 2017. O, más difuminada en el tiempo, con Agustí Jesús, el contable que se pasaba alguna que otra tarde para controlar los números de la firma, que tan importante fue en los inicios de la andadura del proyecto.

Copcisa siempre será una parte integral de la historia de Factorenergia y su fundador la recordará con cariño y respeto. La vida tiene ciclos y estos, a veces, terminan.

La entrada del nuevo accionista, además, permitía liberar una serie de avales en Factorenergia que iban contra el riesgo Copcisa. Aunque no todo iba a ser tan bonito, porque los bancos en esos meses apretaban de lo lindo y exigieron durante un tiempo contragarantías del 100 % del importe avalado para seguir financiándoles. Una operación que puede parecer hoy poco menos que una vergüenza, porque si se aporta una garantía en efectivo del 100 %, el riesgo que asume la entidad crediticia, que aplica sus correspondientes tipos de interés, es cero. Pero así estaban las instituciones financieras esos días.

Le ayudó mucho en esa crisis su abogado y primo Adolf Rousaud, que es un letrado de prestigio, cuyo bufete RCD tiene oficinas en las principales capitales españolas. Fue un importante apoyo, al igual que lo fue la consultoría Roca Junyent, y los dos profesionales que lideraron el proceso de búsqueda de inversores: Jorge Roura y Marc Alavedra, que ahora están en Rhombus, pero en aquellos instantes de zozobra fueron de gran valor para Factorenergia.

Y digo zozobra, porque ese fue el momento de mayor vértigo del fundador de la eléctrica a lo largo de la historia de su compañía. Se iba su primer socio, el que aportó el primer capital y al que le estará agradecido de por vida, Copcisa. Fue, sin duda, el peor, mucho peor incluso que las pérdidas del año 2021, derivadas del incremento brutal del precio de la electricidad por la guerra de Ucrania. Esta última crisis fue generada por una cuestión totalmente ajena, que no conllevaba un coste personal. Pero la salida de Copcisa hizo daño, porque se mezclaba lo mercantil y lo personal, con un elevado riesgo de no supervivencia por medio, además. Y, aunque se resolviera, Rousaud era consciente de que aquellos anteriores sueños de juventud, impulsados por la severa pero honesta mano de Pedro Maqueda y su equipo, pasarían a la historia.

El miedo a que aquello fuera el final del camino quedó, de todas formas, resuelto muy rápidamente, con la llegada de JZI. Se cerraba una etapa, pero empezaba otra.

12
JZI: un inversor internacional que tomó la mejor decisión de su vida

Los nuevos inversores pagaron a Rousaud parte de las acciones previamente adquiridas por este a Copcisa y adicionalmente aportaron siete millones de euros a los fondos propios de la compañía, y estipularon como cláusula que todos los dividendos, al principio, se repartirían íntegros a JZI, hasta que recuperasen su inversión. La operación se hizo en 2010 y en 2013 JZI ya había recuperado íntegramente toda la inversión.

JZI sigue en el capital hoy y la relación es muy buena, aunque en su momento hubo sus tiras y aflojas, inherentes, sin duda, a las incertidumbres de los primeros tiempos, donde todavía hay desconocimiento y, por qué no decirlo, algunas desconfianzas mutuas. En el primer *business plan* a tres años que presentó a los nuevos accionistas, se contemplaba un fuerte crecimiento anual hasta 2013 con resultados positivos por encima del millón de euros. Un objetivo que entrañaba bastante dificultad y, como era tan optimista a juicio de JZI, ofrecieron unas retribuciones variables muy altas, en función del cumplimiento de metas a tres años, pero que se iban devengando año a año.

Se cumplió a rajatabla. Los representantes de JZI le dijeron, admirados, a Rousaud: «Nosotros hemos hecho muchas operaciones y jamás nos había tocado pagar el variable». Hasta el punto de que, en el año 2013, que era el último año que había este bonus, hubo su tensión. El accionista, pese a la consecución de los hitos, intentó darle cierta interpretación al *business plan* y no pagar lo estipulado. Tras unas negociaciones tensas, porque los importes eran bastante elevados, JZI pagó el 50 % de la retribución por objetivos planteada. Todo ello, pese a la opinión en contra de los propios asesores de Roca Junyent, que sostenían que no había nada que interpretar.

Son tensiones con inversores financieros frente al fundador de la compañía, que no tienen nada de extraño a lo largo de la historia. No son nada nuevo. De hecho, puede decirse que la trayectoria con JZI ha sido buena, ya que no tuvo lugar ningún otro cambalache. Sobre todo, no ha habido la menor injerencia en la gestión. El respeto al *management* es una señal irrebatible de buena sintonía y éxito. No en vano, la historia del emprendimiento está llena de casos en los que el fundador acaba diluido, comprado o cesado, ya que una vez que entra un socio financiero, quiere mandar. Por muchas proclamas previas realizadas al *alma mater* de apoyo a su figura, su gestión y su liderazgo.

La relación continuó por derroteros correctos, pero llegó el momento en el que JZI decidió pasar por caja, como están obligados a hacer los fondos, que tienen sus rondas de entrada, permanencia y salida, para ofrecer retorno a sus partícipes. La expectativa de precio del inversor era alta, valorando su participación en unos 90-100 millones de euros. Una locura, pensaba Rousaud, quien, recordemos, inició su empresa poniendo 500 000 de las antiguas pesetas entre tres socios.

Aparecieron varios fondos interesados en entrar, aunque no terminaba de llegar una oferta vinculante. Al otro lado del Atlántico, Mr. David Zalaznik, que es la *z* de JZI, estaba jugando al golf con uno de los altos ejecutivos del plan de pensiones público canadiense de la provincia de Ontario. Entre bola y bola, le comentó sus cuitas y el precio, y, como ocurre en los buenos negocios, dijo que sí enseguida. De repente, la operación se aceleró y en apenas un mes aparecieron los canadienses. El *deal* estaba hecho.

Emili Rousaud en aquel momento ostentaba el 35 % de la compañía y aunque la oferta de la empresa era muy buena, solo vendió un 10 %. Aprovechó para obtener unas plusvalías y monetizar parte de su trabajo, capitalizado a lo largo de los años, para quedarse con un 25 %. Los de JZI vendieron también parte de su participación, desde el 65 %, al 25 %.

Es decir, los canadienses se hicieron con un 50 %: un 10 % del fundador y un 40 % del socio financiero. JZI había invertido alrededor de 7.6 millones en Factor. La operación le reportó 69.7 millones de euros, lo que permitía valorar al grupo entero en unos 120 millones. Conviene no olvidar que JZI había recuperado su inversión inicial en tres años, por lo que esa plusvalía era ¿infinita? Si para estimarla hay que efectuar un cálculo sobre un capital aportado recuperado íntegramente antes de la venta, la cifra de partida es cero, es decir, 69.7 millones entre cero = infinito.

Infinita, no, pero cercana al 1000 %, sí. Tenían motivos para estar agradecidos a Rousaud. No es exagerado decir que Factorenergia ha sido la mejor decisión de su vida. Las cifras obtenidas con la inversión son de ensueño. Cualquier *private equity* mataría por replicarlas: constituirían la mejor carta de presentación para captar nuevos clientes.

Desde entonces, hasta hoy, Rousaud gestiona la compañía sin ningún tipo de interferencia. Nadie le cuestiona nada a la hora de trabajar, excepto sobre su propio sueldo, que eso sí lo pasa siempre por consejo.

Poco a poco, ha ido definiendo su estilo de gestión. La transparencia es un factor innegociable, por supuesto. Cuando llegaron los de JZI preguntaron por los gastos corrientes de la compañía, incidiendo mucho en las comidas, algo que, al parecer, es un apartado que desde el fondo de inversión miran mucho, al considerarlo un buen ejemplo de cómo puede ser el *modus operandi* del *management* con la caja generada por la entidad. Se llevaron la sorpresa de que, aparte de no ser muchas, estaban todas recogidas y apuntado el cliente (o potencial) con quien se había celebrado.

El grupo empezaba a llamar mucho la atención, a esas alturas. El 7 de noviembre de 2017, de nuevo el diario *La Vanguardia*, gran seguidor de la empresa barcelonesa, titulaba: «Un fondo de pensiones público de Canadá compra el 50 % de Factorenergia». El diario comentaba, en una noticia firmada por Óscar Muñoz, que: «Los accionistas de Factorenergia —el fondo americano JZ International y Emili Rousaud, fundador y director general de la compañía— cerraron el viernes un acuerdo con un fondo de pensiones público de la provincia canadiense de Ontario, cuyo nombre no ha trascendido, para que este adquiera el 50 % del capital social de la firma por valor de 60 millones de euros. La entrada de este nuevo socio permitirá a la distribuidora de electricidad dar el salto a otras actividades relacionadas con las que realiza en la actualidad, como la generación de energía y la comercialización de gas, para las cuales asegura contar con recursos financieros y capacidad inversora superior a 400 millones».

Asentados los dos socios financieros que lo que buscan es, por encima del proyecto industrial, el retorno, tocaba seguir caminando. Hacer grande la compañía, siempre vigilando que ese crecimiento venga acompañado de la rentabilidad.

Tocaba internacionalizarse. Un proceso que había comenzado tímidamente poco antes, pero llegaba el momento de apostar con él, con toda la carne en el asador.

13 Factorenergia cruza el Atlántico

Corría el año 2015 y el entonces presidente de Abengoa en México, Joaquín Fernández de Piérola, se puso en contacto, de manera insistente, con Factorenergia. A través de largos correos electrónicos a Emili Rousaud, le revelaba que el proceso de liberalización energética tenía un enorme potencial. Factor ya era proveedor de servicios de la ingeniería sevillana, entonces un icono tecnológico-industrial español. Los andaluces querían crear una empresa al 50 % para participar en ese proceso.

La idea no seducía internamente por muchos motivos, pero, para empezar, eran buenos clientes. Factor les daba servicios a unas plantas de generación de energía eléctrica en Andalucía, así que la comunicación era fluida.

Tanto, que no pasó mucho tiempo sin que lanzaran algo así como un ultimátum: conminaban a Rousaud a visitar México, y ellos le pagaban desplazamiento y hospedaje. No había forma de decir que no.

Además, esta historia recordaba a una, ya lejana, ocurrida a mediados de los años noventa, cuando José María Giménez le contaba algo parecido sobre el mercado español. Quién sabe si eso podría tener el mismo resultado.

Rousaud y su colaborador más cercano cruzaron el océano, pagando ellos sus propios gastos, faltaría más, pero Abengoa les había cerrado una intensa agenda.

Nada más aterrizar en Ciudad de México, les recogió un chófer de Abengoa, llevándolos directamente a sus oficinas, donde ya les aguardaba artillería pesada: las consultoras KPMG y Price Waterhouse, con sus expertos en el sector energético, para explicarles ese proyecto de liberalización del mercado mexicano.

La expedición de Factor se dio cuenta casi en el acto de que se trataba de una réplica poco menos que calcada del modelo español que comenzó a principios de siglo y que Emili Rousaud conocía al dedillo, sobre todo, era ya todo un experto en la materia por llevar quince años operando con éxito en esa industria y haber logrado una valoración de su empresa más que satisfactoria. Las sospechas se confirmaban, por tanto. Para bien.

Al pisar terreno conocido, aquello comenzó a tener su gracia porque la reunión con los asesores mexicanos acabó invertida: el CEO de Factor no solo les corrigió en más de una ocasión, sino que, tras su *expertise* de más tres lustros peleando a diario con el mercado español, conocía al dedillo mil pequeños detalles técnicos y circunstancias imprevistas. El encuentro acabó con Rousaud hablando y los asesores tomando nota.

Fue suficiente para que el principal ejecutivo de Factorenergia se diera perfecta cuenta de la realidad de la situación. Si se hacía un proyecto realmente sólido, estarían en situación de agregar valor tangible al perímetro de la compañía. Las conversaciones firmes empezaron de inmediato, pero el momento procesal oportuno no pudo ser peor. Abengoa comenzó a tener serios problemas financieros en ese período 2016-2017. En México, concretamente, realizaron un impago de una emisión de bonos denominados en dólares.

Fernández de Piérola, español, reaccionó con gran honestidad y, sabiendo que Abengoa ya no era un socio industrial adecuado (la filial mexicana presentó concurso de acreedores pocos meses después, en diciembre de 2016), organizó una serie de encuentros con posibles familias inversoras. No quiso dejar tirada a la empresa y su fundador.

Porque, pese a los conocimientos incuestionables de Factor en un mercado que se adentraba en el nuevo marco liberalizado, era necesario el apoyo de un socio local, confiable, con músculo y *networking*.

Enseguida se llegó a un acuerdo con un grupo de familias que no solo han demostrado ser un *pool* de socios estupendo, sino que definió el modelo para la expansión futura en otros mercados.

En enero de 2017, el diario *La Vanguardia* informaba de que Factorenergia comenzaba a operar en el país, después de más de un año y medio de contactos y negociaciones. Era un buen momento para la empresa, insistía la publicación, ya que en el ejercicio 2016 se habían logrado unos beneficios de 9 millones de euros, un 70 % superiores al ejercicio previo, con más de 60 000 clientes en España, de los que 47 000 eran pymes.

Nacía, de esta manera, Luz y energías de México, la filial internacional que más habría de aportar al balance de Factorenergia. Como socios locales, la familia Oliver, familia navarra muy vinculada al mundo del forraje y la energía, con uno de sus miembros viviendo en México, la familia Martínez, muy vinculada al mundo de los áridos y del cemento, así como la familia Negrete, con negocios de gases industriales.

Con este movimiento, se inició una nueva fase en el grupo. Se liberó la mente de nuevo. Un primer paso había sido avanzar desde Cataluña hasta todo el territorio nacional y competir contra todos los operadores, buscando todo tipo de clientes.

Ahora, el mundo se abría a las puertas de esa pequeña firma, a la que miraban con cierto desprecio en el Ministerio de Industria, en 1999. El mercado doméstico, al final, es finito, pero el potencial de crecimiento que otorgaba el resto del planeta no. Llegar al exterior iba a marcar la hoja de ruta del futuro. Y eso se afrontaba, además, con dos socios internacionales en el capital, que no iban a poner el menor obstáculo a ese proceso. Al contrario.

14
Portugal y Stoichkov: la internacionalización cobra velocidad

Así, a continuación, se fijó el foco en Portugal, donde se identificó una compañía comercializadora pequeña, Enforcesco, que operaba bajo la marca YLCE. Con bastante rapidez, se hicieron con el 75 % del capital. En este caso, se alcanzó un acuerdo con el socio fundador, Joao Nuno Serra, que continuaba como presidente, y donde tres consejeros de la compañía española se incorporaron al propio consejo de administración de Enforcesco, según destacaba en junio de 2019 la agencia Europa Press.

Enforcesco facturó en 2020 alrededor de 30 millones de euros y contaba entonces con más de 11 000 clientes, principalmente empresas. Inicialmente, la sociedad estaba en Covilha, al noreste del país, justo cuando empieza Sierra Estrella (que forma parte también de la cordillera formada por nuestro Sistema Central), perteneciente al distrito de Castelo Branco. Covilha, un coqueto pueblo universitario, fue el primer paso, pero, pasado el tiempo, se abrió oficina en Lisboa. En 2021, Factorenergia comenzaba a comercializar gas en Portugal y se tomó la decisión de remplazar la marca YLCE por la de Yes Energy. El inicio de la operativa con gas era señalado como algo también crucial por el presidente de la firma, ya que le permitía consolidar su crecimiento orgánico y mirar todavía con más intensidad a mercados internacionales.

Acto seguido, viendo que las experiencias salían bien, tuvieron muy claro que las zonas que ofrecía perspectivas interesantes, es decir, con mercados en una incipiente de liberalización eran Europa del Este y Latinoamérica.

En Europa se realizó una gestión inicial para ver qué país era el más prometedor y seleccionaron a Ucrania en primer lugar. Empezaron una serie de contactos con la Secretaría de Energía ucraniana en Barcelona y el Gobierno de dicha nación se comprometió a presentarles determinadas empresas para estudiar alianzas, pero tras varias llamadas, aquello no avanzaba.

Sin desanimarse, a Emili Rousaud le llegó, a través de su buen amigo Josep María Minguella, la posibilidad de entrar en el mercado búlgaro a través de Hristo Stoichkov, probablemente el búlgaro más universal de todos los tiempos.

¿Qué se puede decir de Hristo? Una fuerza de la naturaleza. Fue un futbolista de enorme carácter, una velocidad endemoniada, gran capacidad goleadora, junto a una zurda prodigiosa. Un auténtico ídolo del Barça de Cruyff, protagonista indiscutible de las cuatro Ligas seguidas y la primera Copa de Europa ganada, es decir, de la mejor etapa de la historia del club. Capaz de llevar a Bulgaria a la cuarta posición de un Mundial sin un solo jugador diferencial en el plantel (¿quizá Lubo Penev?), en un hito sin precedentes en el país centroeuropeo.

Con una personalidad arrolladora, adorado en los lugares de origen y odiado por sus rivales (lo que provocaba que los suyos aún le quisieran más), siempre procuró integrarse allá donde estuvo, con mención a Barcelona y Cataluña.

Hristo posee un *networking* espectacular en su país y una vocación empresarial desconocida por una gran parte de público. Capaz de inaugurar en Sofía una tienda-museo, con ropa de la propia marca que fabrica, a la que acudieron el alcalde de la capital, el presidente de la nación y los tres anteriores presidentes de Bulgaria. Y todos reconociendo que el exfutbolista es hoy más célebre que cualquiera de ellos.

Pero, además de ser el Messi de Bulgaria y ser un hombre de negocios, se defiende en seis idiomas, conoce los medios de comunicación y también tiene, evidentemente, conocimiento de España, donde tiene una casa y se dice que tiene la intención de retirarse.

Así, Factorenergia contó con un nuevo socio local en Bulgaria enseguida: la familia Stoichkov. En el país centroeuropeo, bajo el nombre de Factor Energy, están desarrollando proyectos de autoconsumo, suministrando a clientes y esperando también la liberalización del mercado, que se desarrolla paso a paso.

El siguiente paso fue Chile, donde operan desde su oficina de Santiago con el nombre de Factor Luz, mientras aguardan Marruecos, Rumanía, Colombia o Brasil. De nuevo, se buscaban socios bien relacionados en general, con capacidad de influencia con *stakeholders* y buena interlocución con el regulador, ya que la actividad de Factorenergia está muy sujeta a supervisión.

Es importante tener buenas relaciones con los Gobiernos, sean del color que sean. A su vez, es igual de relevante tener alcance a grupos de interés como accionistas, inversores, bancos o entidades financieras. Siempre hay que tener muy en cuenta el factor local en los países de destino.

En Chile apoyan a Factor una familia del ámbito agrícola-ganadero y energético que tiene grandes extensiones de terreno en esos sectores.

Portugal es el mercado exterior que le funciona mejor al grupo en términos de rentabilidad. Incluso más que México, que seguramente sea el país que ofrece un mayor potencial, pero Andrés Manuel López Obrador (AMLO) frenó todo el proceso de liberalización por el que hicieron viajar a toda prisa a Emili Rousaud al otro lado del Atlántico.

La eterna historia de los políticos en todo el mundo: aterriza uno en el poder y, de momento, detiene todo lo anterior, aunque haya algunas cosas que parezcan incuestionablemente buenas. Pero las había puesto en marcha *el otro*. Por tanto, se anula o frena el proyecto.

En México había un plan de liberalización que debía alcanzar al consumidor doméstico en poco tiempo, pero realmente se ha liberalizado solo un mercado de grandes empresas. Eso ha permitido a Factor desarrollar su actividad y tener una razonable participación en el sector, pero le sabe a muy poco. Sabe que hay un magnífico pastel para repartir entre los operadores.

Si se hubiera mantenido ese proceso liberalizador a su debido ritmo, posiblemente México ahora estaría por delante de Portugal e incluso de España tanto en ingresos como en beneficios. Debería ser el mercado principal, pero, de momento, no lo es. Tiempo habrá.

El mercado exterior es, desde hace tiempo, el futuro de la compañía. En España, desgraciadamente, tanto la evolución demográfica como económica esbozan tenues posibilidades de crecimiento. No es que esté descartado crecer o realizar alguna operación interesante como vector de crecimiento; ni mucho menos, pero sí existe una cierta sensación realista, compartida desde hace tiempo por los grandes grupos empresariales, de que lo que había que hacer en nuestro país ya se ha hecho. O sea, realizan reformas y apuestas concretas o España es una economía madura, no de crecimiento.

Sin embargo, sobre México, las expectativas serán grandes siempre. El potencial late, está soterrado y, de vez en cuando, aflora, aunque el país esté lastrado por carencias estructurales que deben ser resueltas cuanto antes. Por citar un ejemplo, el sistema educativo es complejo. El título de profesor es transmisible o incluso hereditario, una situación que coloca en el disparadero la educación y formación de la juventud, tan importante para la calidad de la sociedad. Porque si se consolidara la pujanza de la clase media, la riqueza emergería casi como un volcán.

Hay grandes expectativas también en Brasil, un país que podría ser autárquico si hiciera las cosas bien. Podría vivir con independencia de lo que fabrique el resto del mundo, porque producen de todo.

El viejo continente, sin embargo, no se perfila como un vector de crecimiento. La Unión Europea está muy estancada. Las cifras de crecimiento languidecen ante otras zonas del mundo y no es exagerado decir que el futuro económico del mundo no pasa por Europa.

Mucho tendrían que cambiar las cosas para que eso no fuera así. Los viejos Gobiernos hace tiempo que olvidaron que la actual Europa nació como una unión de mercado, con libertad de movimientos, de capitales y de personas. Hoy es un templo de hiperregulación, que se aplica de manera inmisericorde a sus ciudadanos.

La fiscalidad asfixiante y el enorme estrato político asfixian a unos países que languidecen de manera indiscutible. Las empresas lo saben y las Ibex hace mucho ya que tienen la parte mollar de sus ingresos en el exterior. Son multinacionales, para las que el mercado doméstico no es más que un porcentaje de cuota de sus ingresos.

Esto es, por supuesto, un éxito de nuestra economía, que en los años ochenta y primeros noventa no contaba prácticamente con ninguna empresa internacional. Se supo hacer de manera impecable este proceso y a él se está aplicando con armas y bagajes Factor. El futuro de la compañía está muy asociado a la expansión internacional. Esto es algo muy bueno, lo triste es que España no ofrezca excesivas posibilidades de crecimiento, al menos, por ahora.

15
La salida a Bolsa y un plan de tres patas

Aunque a la hora de hablar de futuro y de expansión, toca hablar de la prevista salida a Bolsa. La compañía tenía y (seguramente) sigue teniendo esa intención, ya que cuenta con dos socios financieros que tarde o temprano deberán pasar por caja, aunque la pandemia congeló el proyecto. La colocación al mercado se planteaba para levantar recursos que sirvieran para desarrollar el plan estratégico, que tenía tres patas.

La primera, articulaba el desembarco en generación, para tener la capacidad de producción propia. La actividad industrial ha sido una pequeña obsesión de la firma, desde sus tiempos fundacionales. Difícil de abordar, pero nunca olvidada.

Asimismo, la colocación en el mercado de valores proporcionaría capital para consolidar el negocio mediante crecimiento inorgánico. Es decir, compras. Había algunas comercializadoras pequeñas a las que se les veía potencial y adición de valor mediante su integración, pero eso, evidentemente, no sale gratis. Porque, en la actual economía, las compañías tienen muy claro que casi siempre, o compras, o te compran.

Y el punto estrella era la internacionalización de la corporación. Seguir apostando por ir a otros mercados, donde se puede aterrizar mediante un *make or buy*. Es decir, crear la empresa o comprarla. En Factor, idealmente, prefieren adquirir entidades locales, aunque a veces es muy difícil hacerse con ellas, por distintos motivos.

Para empezar, en determinados países, parece que cuando llegan los españoles acaban de llegar los tíos ricos de América, con lo que todo ello genera de incrementos de valoraciones.

Es el eterno problema de las valoraciones. El que vende asegura que está poco menos que regalando la gallina de los huevos de oro e intenta cobrarse al contado las promesas de crecimiento a muchos años. Y el que compra, evidentemente, siente vértigo por un futuro que contempla más incierto y le duele pagar.

Así, en Factorenergia tienen claro que el proceso de compra es laborioso y largo, sin olvidar que se puede romper la baraja en cualquier momento de la negociación. Hay que lanzar muchas cañas, encontrar el objetivo concreto y tener los recursos para poderlo comprar. Y, por supuesto, hacerlo a un precio adecuado. Sin buscar chollos, porque lo barato suele salir caro al final, pero evitando que el precio se sobrecaliente. Para ello, son imprescindibles los procesos de *due diligence* (auditorías externas), efectuados a fondo.

Un buen negociador debe tener claro siempre que puede llegar el momento de abandonar la operación. En los tratos, se presentan ofertas y contraofertas, pero hay que conocer siempre el umbral de riesgo de la operación, porque si se cierra un *deal* a toda costa, a un precio no adecuado, puede llegar a ponerse en peligro toda la compañía. No siempre un buen negociador es el que cierra un acuerdo a toda costa. A veces, lo es el que sabe retirarse a tiempo.

El lastre de una mala adquisición puede ser enorme y hay que tener los nervios fríos, porque la tentación en el momento de la compra es grande. Cerrar un *deal* es algo muy glamuroso. El comprador siempre es el triunfador, el que sale en los titulares de los diarios económicos lanzando un mensaje de poderío. No digamos si, además, había otros interesados en esa compañía. Es el ganador sobre los demás y, en este apartado, no hay que descartar el problema del ego. Una adquisición por parte de una empresa será capitalizada, con toda seguridad, por una persona, que se erigirá en la clave de la historia. Esa gloria efímera ha provocado, en más de una ocasión, una distorsión de la realidad que ha precipitado el acuerdo. Pero enseguida pasa el tiempo y se ve si la operación es generadora de valor o, por el contrario, de problemas.

Porque puede haberlos de mucho pelaje. Desde la financiación (los *covenants* o compromisos financieros que aseguran la operación, tan ligados a la fluctuación de los tipos de interés), a la naturaleza de los clientes (algunos pueden enfadarse al ver que cambia la titularidad de la compañía y darse de baja) o la idiosincrasia de la propia empresa local (por ejemplo, que tenga algunos directivos muy bien relacionados con el regulador y que su marcha genere un vacío en este segmento). Mil variables.

Aquí, viene a la memoria las palabras del sensato Benet Carbonell: «¿Y usted qué pone? Porque yo pongo mucho dinero». Las compras que firma un ejecutivo con el dinero de la compañía deben ser supervisadas con mucho cuidado.

No es este el caso de Factor, donde las adquisiciones las firma un fundador que tiene una parte importante del capital. La gloria efímera no le deslumbra lo más mínimo.

Por tanto, hay que comprar un precio adecuado. Justo, por supuesto, porque en Factorenergia huyen de los chollos, pero correcto.

Ahora mismo, Factorenergia está en pleno proceso de aterrizaje en Colombia. Lleva largo tiempo en procesos de negociación, que siempre son más largos de lo deseado, para poner en marcha un proyecto allí, con algún socio local, como es su *modus operandi*. Y el siguiente objetivo será Brasil. Latinoamérica es una de las grandes áreas de crecimiento. La otra es Europa central y allí se está trabajando también en Macedonia y Rumanía, donde ya hay prospecciones de negocio y primeros contactos.

Especialmente, en Rumanía, economía que desde la compañía siempre han visto como una oportunidad más que interesante. El país está en un proceso de crecimiento fuerte, con un nivel de productividad altísimo, y es bastante parecido a Bulgaria, donde la experiencia está siendo muy positiva.

Como siempre, hará falta también un poco de suerte, porque conviene no olvidar que la primera apuesta de expansión por Europa del Este fue Ucrania, pero los contactos no llegaron a buen puerto. Hoy, en Factor dan un suspiro de alivio, ya que el conflicto bélico con Rusia que tristemente sufre la nación habría sido, evidentemente, un enorme foco de problemas para la compañía.

Puede decirse que, *grosso modo*, Factor apuesta por países del este de Europa por su capacidad de crecimiento y potencial para alcanzar estándares similares a los principales miembros de la Unión Europea, mientras que al otro lado del Atlántico contemplan mercados energéticos en proceso de liberalización, lo cual, unido a sus enormes poblaciones, perfilan grandes expectativas de crecimiento.

La pena, claro, es la existencia de populismos rayanos en regímenes dictatoriales o confiscatorios. Venezuela, Cuba, Argentina... son mercados totalmente fuera del radar de la inversión internacional y Factorenergia no es una excepción.

Argentina acaba de cambiar de presidente, en un giro drástico frente a años de peronismo que, entre otras cosas, castigó duramente a algunas empresas españolas energéticas como Repsol, pero todavía le queda un larguísimo trecho para convencer de nuevo al capital foráneo.

Por otro lado, países pequeños como Puerto Rico o República Dominicana, por citar ejemplos de modo casi aleatorio, pueden ser interesantes, pero carecen del tamaño necesario. En el mejor de los casos, llegarían para culminar un proceso de expansión que no ha hecho más que empezar. Serían poco menos que la guinda.

La salida a Bolsa, al mercado continuo, se pospuso en su día hasta 2024, pero, llegados al ejercicio, parece que no va a tener lugar en el corto plazo. Conviene insistir en que más de dos tercios del capital está en manos de inversores financieros (JZI y el fondo de pensiones de Ontario), que no tienen vocación de permanencia y quieren, sí o sí, ejercer, a su debido tiempo, la salida, con las plusvalías a buen recaudo. Desde luego, el historial de rentabilidades de los accionistas de Factorenergia es excelente. Tarde o temprano habrá que darles una solución, pero de momento, están cómodos, capitalizando su inversión con dividendos y generando valor en el tiempo.

Un apartado por destacar es que a las compañías no se les está facilitando en absoluto la colocación al mercado, como reflejan las caídas de volúmenes medios de contratación diaria en todo el mundo, con mención especial a España.

¿A qué se debe esta pérdida de interés aparente por el mercado de valores en los últimos ejercicios? A varios factores, pero, principalmente, a los gobernantes. La aplicación de la tasa a las transacciones financieras, los impuestos sobre eléctricas, a las grandes fortunas, a la banca, así como las severas penalizaciones a las SICAV (Sociedades de Inversión de Capital Variable) o los planes de pensiones han drenado dinero de los mercados.

Estas penalizaciones presentan una falta de visión a medio plazo dramática. Incrementan la recaudación fiscal, pero, a cambio, alejan la inversión y erosionan el crecimiento. Son un caso claro del viejo dicho: pan para hoy y hambre para mañana.

Así, los mercados se han atomizado mucho. El dinero se concentra en los grandes gigantes tecnológicos (llámense FAANG, siete magníficos o lo que sea), pero no distingue en exceso de compañías *small* y *mid cap*.

Factorenergia tiene que seleccionar bien el momento de mercado, que conjugue buena situación particular con un tono aceptable de los mercados, porque no están dispuestos a salir y que la cotización se pudiera ver arrastrada por factores externos ajenos a la compañía, ya sea riesgo país o castigo a otras compañías del sector. En los últimos tiempos, a las renovables se les ha penalizado mucho y en el momento de escribir esto, se habla de refinanciación in extremis de una firma del sector como Holaluz, que si bien es mucho menor que Factorenergia y cotiza en el BME Growth podría contaminar a todas las firmas cotizadas del sector. Los riesgos ajenos están ahí.

Más allá de la operación, ¿cómo ven el futuro a medio y largo plazo en la firma? En generación, con altas expectativas. Porque en Factorenergia tienen claro que España va a ser un país con mucho que decir en este aspecto en un futuro que ya está aquí.

16
España: un futuro energético anunciado

En el año 2019, en Factorenergia invitaron a dar una conferencia a Ramez Naam, catedrático de energía de la Singularity University de Silicon Valley, con motivo del 20 aniversario de la compañía. La invitación a ese experto no fue aleatoria: se realizó después de mucho indagar, elaborando una pre lista de candidatos que pudieran ofrecer información novedosa, de valor y de futuro. La Singularity era la institución adecuada donde poner el foco, porque, más que un centro académico de relumbrón, es un innovador centro de ideas. Era lo que se buscaba.

Este experto confirmó lo que ya sospechaban hace tiempo: que España se va a convertir en una potencia energética mundial. Es el país de la Unión Europea que tiene mayor radiación solar, y al ser una península, ubicada entre un mar y un océano, tiene una alta diversidad de vientos.

Eso no ocurre en todas partes. De hecho, Europa es un continente donde solo sopla el viento en cotas elevadas, pero España se beneficia del hecho de ser una meseta en el centro de su territorio. El común de los mortales cree que el viento sopla siempre por todos lados, pero eso no es así, hay zonas y zonas. No hay tantas en el viejo continente donde el viento sople de manera constante y adecuada, para mover los aerogeneradores y donde estos puedan ser instalados sin demasiados problemas que encarezcan su amortización. España goza de esa ventaja competitiva.

Por tanto, el coste de la tecnología está bajando muchísimo. Naam exponía una curva que demostraba que en el año 2002 el vatio pico (unidad de medida de la energía fotovoltaica), costaba 6 euros, hoy día vale 20 céntimos de euro.

Las conclusiones con las que finalizó en su conferencia fueron:

- «España es el país con más sol de Europa y, además, está muy al oeste, lo que significa que puede ser un gran suministrador para los países del este.
- España debería tener la electricidad más barata de toda Europa.
- La energía barata debería ser una solución para el elevado paro español, es decir, España debe exportar electricidad e importar empleo.
- Esta oportunidad para España podría traducirse en inversiones de 500 000 millones de euros y 200 000 nuevos puestos de trabajo en los próximos 10 años».

Es decir, defendía que las tecnologías renovables iban a ser rentables y España tenía más recursos sostenibles que cualquier otro país de Europa. Por lo tanto, España va a ser una potencia energética. Palabras mayores para una economía siempre dependiente, siempre expuesta a los precios de las materias primas energéticas y a la conflictividad internacional.

Así, planteaba un doble escenario: o bien España exporta esa energía a Europa, donde está el desarrollo industrial, o, en el caso de no disponer de autopistas, es decir, líneas grandes para exportar esa energía, España se va a reindustrializar. El vídeo íntegro está disponible en YouTube, en la cuenta de Factorenergia.

Eso son vaticinios muy importantes e ilusionantes, porque pueden cambiar el tejido empresarial y el modelo económico de nuestra economía. Como toda idea disruptiva, fue recibida en algunas instancias con escepticismo, pero esto no es un vaticinio de futuro, es una realidad que comienza a estar sobre la mesa. Y que debería cambiar el patrón económico de nuestro país.

Hace lustros que España tiró la toalla con la industria. Puede decirse, sin demasiado error, que lo ha hecho desde la segunda mitad de los años ochenta, cuando se abordó aquella reconversión industrial, tan dura para las zonas mineras y portuarias del norte del país. Los siguientes pasos fueron las ventas de Seat y Pegaso. España no podía permitirse una industria pesada propia. Era la gran conclusión, esparcida como *vox populi*. Hasta los años setenta pudimos. En esas fechas, llegamos a ser la octava potencia por cifra de producción industrial, gracias a nuestra mano de obra hiperbarata, pero ya ni siquiera éramos los mejores en eso.

Nuestro país parecía condenado a ser una nación de servicios, con el turismo como gran estrella. Con algunas plantas de ensamblaje, pero no de producción, como lo son las fábricas de automóviles. Quizá, con pequeña industria de valor añadido y con un ecosistema de componentes anejo a las plantas ensambladoras, pero lo de la producción real era cosa de otras economías. En Europa, de la fabricación se ocupaban Francia y Alemania, porque la primera contaba con energía barata, gracias a la generación nuclear y la segunda, se beneficiaba de haber logrado una potencia de marca sin igual. *Alemán* ha sido siempre sinónimo de calidad y fiabilidad, a pesar de que su *mix* energético se ha revelado singularmente débil, enormemente dependiente del carbón. Algo que no debería tener apenas recorrido de futuro.

Ahora, nuestros precios energéticos son cada vez más bajos, casi deflacionarios, debido a las renovables. Esto supone una oportunidad clara de industrialización para España. A principios de este ejercicio, las energías renovables eran capaces de aportar el 86 % de la generación, por lo que ya es una realidad la opción de sustituir combustibles como el gas natural para climatización por soluciones eficientes eléctricas como puede ser la aerotermia. Por citar algún ejemplo.

La fotovoltaica es otro pilar excelente en el *mix* de generación. Aunque la gente crea que si está nublado no hay producción solar, no es así, sí que la hay, ya que la electricidad se genera a partir de la luz, no del sol. La entrada de la primavera y el alargamiento de los días aporta una mejora de la generación, por tanto.

Las nucleares no pueden gestionar la energía que producen, es decir, si la planta nuclear está en marcha no puede pararse. Hay mucha instalación térmica en España que pueden ponerse en marcha o pararse en función de los precios de mercado, es el caso de los ciclos combinados. En España se han parado prácticamente todas las térmicas de carbón por una acertada decisión política vinculada a la lucha contra el cambio climático.

Las centrales de generación nuclear, al igual que las centrales solares o eólicas, vierten su energía en el *pool,* ofertando un precio de cero, al no poder gestionarse, sin embargo, al marcar precio la última central necesaria para cubrir la demanda, el precio que perciben es el de casación (que podría marcarlo una central térmica). Sin embargo, en fechas recientes dada la gran aportación de renovables al mercado, el precio de casación resulta ser cero, cuando pasa esto y las eléctricas advierten con tintes de alarma de que deberían parar estas centrales, lo hacen porque tienen que pagarle al Estado un impuesto de generación que les está lastrando, a pesar de que el coste de producción nuclear es muy bajo: una central atómica puede tener un precio de producción de 4 euros el megavatio, porque están amortizadas y básicamente todo lo que tienen es gasto operativo fijo. Hace algunos meses, el precio de mercado estaba por encima de 200, lo que ponía muy en valor la generación nuclear.

Pero ahora, la generación nuclear ha perdido una gran parte de su atractivo. Ese coste de cuatro euros por megavatio, junto al impuesto eléctrico, que también suma, provoca que no tengan capacidad de competir con las energías renovables, cuyo coste de energía primaria, como indicábamos, era 0 (el sol y el viento son gratis, pero no el uranio enriquecido). Los precios que fija el mercado durante la primavera de 2024 están frecuentemente por debajo de esa cota de 4 euros. Las compañías están en proceso de detención de sus centrales nucleares por la baja rentabilidad y porque además perjudican sus ingresos del resto de instalaciones. Esa es la realidad y es triste porque las centrales nucleares, si bien tienen muchos hándicaps medioambientales, sí son una tecnología que no genera gases de efecto invernadero y no contribuyen al cambio climático, ofreciendo una energía estable y barata al sistema eléctrico español.

Tras el estallido de la guerra en Ucrania, el precio medio diario en el mercado eléctrico se fue de los 45-50 euros el megavatio a los más de 200 (con picos de 400). Pero en el momento de escribir esto, primavera de 2024, es de dos euros e incluso se va al cero en ocasiones. Sí, al cero, porque, por una parte, tenemos mucha aportación renovable.

Así, con una buena producción eólica y solar, además de una reducción de la demanda eléctrica por tener unas temperaturas de bastante confort en primavera, los precios son el resultado de toda esta transformación.

Existe una pequeña (gran) excepción, un caso algo triste, incluso: Cataluña, región donde no es posible un parón nuclear. En Cataluña se han hecho unas leyes que han promovido que no se pudiera hacer ni una sola instalación renovable de cierto tamaño (por encima de 5 megavatios). Estas leyes han favorecido que se ralentizara enormemente el desarrollo renovable, por culpa en gran medida de unas instituciones públicas que los han impedido con su burocracia y altas exigencias; la llamada cultura del no. De esta manera, se ha llegado a la situación de que en Cataluña las nucleares no pueden detenerse, porque, si lo hacen, hay un peligro real de falta de suministro.

¿Qué es necesario para no perder esta inesperada ventaja competitiva basada en la energía abundante y barata? Hay que empezar a salir, a hacer *workshops* y explicarlo al mundo. España va a ser realmente una potencia en energías renovables, pero, en primer lugar, hay que contarlo. Clarito, negro sobre blanco. Hacérselo saber a la comunidad inversora y a la sociedad. Porque todavía falta algo tan importante como es la electrificación de nuestra economía y eso implica atraer a la industria. Es preciso electrificar el transporte, lo cual supone un necesario desarrollo de las redes.

Es decir, hay que realizar una tarea ingente en potenciación de infraestructuras, para que todo eso se pueda ejecutar de una forma correcta. Aunque ya han hecho muchas inversiones en energías verdes, hay que conseguir electrificar la economía, para descarbonizarla.

17
El reto de la electrificación

Tenemos un *mix* energético cada vez más y más verde. El gran reto ahora es atraer a la industria, ya que tenemos la energía más barata. Eso requiere una mayor inversión en redes eléctricas y, a su vez, hay que promover claramente la movilidad sostenible, basada en el coche eléctrico. El factor fundamental de coste productivo en este momento en la industria no es ya la mano de obra, es la energía.

España debe tener claro que muchas plantas industriales de Europa central deben deslocalizarse e instalarse en nuestro país. Es un reto enorme saber sacar partido de la transición energética. Lo tenemos todo a favor.

A las puertas, tenemos otra economía que se desarrollará en el futuro: la del hidrógeno. El hidrógeno verde será decisivo para el transporte pesado: barcos, trenes, aviones... Todavía queda un trecho. La primera revolución ya se ha hecho.

Las renovables por sus propias características cuando ofertan en el mercado eléctrico lo hacen a cero, es decir, marcan precio otras tecnologías que tienen herencia primaria: el viento y el sol son gratis, pero el gas no. Si un ciclo combinado tiene que intervenir en el sistema para cubrir parte de la demanda eléctrica, toda la oferta eléctrica se cubre al precio del gas.

Cuando la gran aportación al sistema eléctrico lo hacen las renovables, los precios son muy bajos, porque no tienen un consumo de energía primaria, cuyo coste de inversión inicial deba ser recuperado.

Cuando se cita la atracción de industria por parte de España, que por una vez cuenta con una ventaja competitiva, hay que destacar una circunstancia: hay algunos países de la Unión Europea que están dando ayudas de estado para que la industria no se mueva de su geografía. Algo que choca de frente con el espíritu fundacional de la Unión Europea, que pretende ser un espacio económico común. Si es así, no se puede favorecer a la industria local con ayudas públicas: debe permitirse que se ubiquen libremente en aquellos países en los que logren mayor productividad.

Por desgracia, esa idea funcional del mercado común está, si no totalmente olvidada, muy supervisada. La Unión Europea es, por encima de todo, una regulación común.

Tocaría entrar aquí en un debate que no es el objeto de este libro, pero que, sorprendentemente, no se vislumbra: la evolución de una Unión Europea que claramente está oxidada. Es hora de plantear los próximos años, quizá en base a un Estado Federal como los Estados Unidos, una unión fiscal; quizá una nacionalidad única... Una inyección de crecimiento y vigor.

De lo contrario, se agudizará la languidez actual, donde un grupo de países, más o menos amigos, con valores e intereses comunes, simplemente gozan de fronteras abiertas para la (teórica) libre circulación de productos, de capital y de personas, y una moneda única. Pero lo cierto es que están operando todos bajo un proteccionismo cada día más acusado, que frena el crecimiento y la iniciativa empresarial. Esa no es la foto fija que se quería con la Unión Europea, ni muchísimo menos.

Sobre el futuro del hidrógeno, hay que tener presente que es una molécula tan pequeña que es muy difícil almacenarlo y transportarlo en la red gasista de (por ejemplo) Enagas, transportador español. Algo se está haciendo, pero en un porcentaje pequeño, porque la red actual de gas no sirve para transportar realmente hidrógeno puro.

El hidrógeno exige unas presiones muy altas, un nivel de estanqueidad especialmente alto, además de que se trata de una molécula peligrosa, como el gas. Es una energía limpia, porque el residuo que genera al final de su combustión es vapor de agua, no como ocurre con el gas natural, que emite CO_2. (Que, a su vez, es más limpio que otros combustibles fósiles, que emiten partículas como el NOx).

Un combustible como el eléctrico no emite ningún tipo de partículas. El hidrógeno solo tiene sentido si tiene una finalidad térmica, es decir, si se almacena energía eléctrica en forma de hidrógeno haciendo una hidrólisis sobre agua, que descompone la molécula de agua en hidrógeno y oxígeno y se guarda el hidrógeno.

El problema reside en que, si se quiere hacer un uso eléctrico, se habrá perdido más del 60 % de la electricidad necesaria para generar ese hidrógeno, por tanto, tiene que ser un combustible destinado a unas aplicaciones concretas. Es más eficiente un vehículo eléctrico que un vehículo de hidrógeno verde, porque este último, por la transformación de electricidad en hidrógeno, debido a las propias leyes de la termodinámica, pierde parte de la energía.

Como se ha dicho, es útil para el transporte pesado, porque un camión de gran tonelaje no puede ser eléctrico, ya que el tamaño y peso de las baterías lo harían inviable. En cambio, sí sería útil el hidrógeno, al igual que con el transporte aéreo y resto de transporte pesado.

El hidrógeno va a ser una energía sustitutiva del gas natural en la industria y es posible que también en la climatización del hogar, aunque ahí habrá que ver si es más interesante utilizar hidrógeno o electricidad, sobre todo si es barata, como el caso español. Barata y abundante. Términos sinónimos, cuando se habla de electricidad.

Existen todavía algunos problemas con el vehículo eléctrico. La falta de infraestructura de recarga, imprescindible para que haya movilidad eléctrica real, es un clarísimo ejemplo. Hay una recarga que es vital y tiene una fácil implantación: la recarga lenta en los garajes particulares y públicos. La que tienen que hacer las familias en sus domicilios. Tan sencilla como dejar el coche por la noche en casa cargando.

En el garaje particular no es necesario un cargador rápido. Esa recarga de vehículo eléctrico tiene mucho sentido y no es una gran inversión. Puede decirse lo mismo de garajes públicos, donde los coches vayan a estar en estancias largas o, sobre todo, quienes gocen de plaza de parking en su trabajo.

Pero es preciso generar una estructura de recarga de segundo uso. Más rápida. Necesaria, por ejemplo, cuando una persona realiza una visita y necesita también recargar fuera de su casa. Por supuesto, urge instalarlas en las estaciones de servicio, con potencia y rapidez, capaz de suministrar por en el entorno de los 27 kilovatios, aunque muchas estaciones de servicio no tienen una potencia accesible en la red eléctrica, lo que requiere, como ya se ha dicho, invertir en la red.

Para el lector menos avezado, una carga semirrápida se realiza entre 11 y 22 kilovatios y suele demorar unas tres horas, en función del tamaño de las baterías. La parte baja del rango puede corresponder a un punto de recarga doméstico, los 11 son, por ejemplo, los que ofrecían en su día (de manera gratuita) los centros comerciales.

Una carga rápida se realiza entre 40-50 kilovatios y dura menos de una hora. Pero las realizadas a más de 350 kilovatios, que permiten una carga en 5 minutos, son ciencia ficción. Y, aun así, sería una carga que multiplicaría por tres o cuatro veces la carga normal de un vehículo gasolina o diésel.

Otro aspecto destacable es que una ciudad más electrificada es más silenciosa y, a su vez, limpia. Eso supone un impulso a la mejora de la salud de los ciudadanos, ya que la calidad del aire mejorará año a año. La renovación de la flota de coches va a tener un impacto muy fuerte en las ciudades.

Queda mucho camino por recorrer, por tanto, pero se antoja inevitable, sobre todo en España, un país de energía abundante renovable, donde la movilidad eléctrica es la opción ideal. En otros países hay otros modelos. Sin ir más lejos, en Brasil, van a promover su movilidad sostenible basada en etanol de caña de azúcar, porque el país es un enorme productor de esa planta y consideran que es sostenible, ya que el CO_2 emitido por su uso lo absorben las nuevas cañas plantadas. Se genera, así, un ciclo sostenible. Una ventaja competitiva, que saben aprovechar.

España está llamada a ser un gran *hub* de hidrógeno para los buques. Impulsará el *bunkering*, es decir, el suministro de barcos en alta mar. El transporte marítimo va a tener en España seguramente un centro de suministro de hidrógeno para transporte marítimo.

Pero, para empezar, no se puede perder el tren de la electrificación, porque ha llegado a la estación y tenemos la oportunidad de sentarnos en el volante y decidir la velocidad del convoy.

18
De la total liberalización a la entrada en gas

Factor siempre tuvo claro que no se iba a mantener como una simple comercializadora eléctrica, a pesar de que fueron no solo innovadores, sino rupturistas cuando iniciaron su andadura.

Pero en el año 2002 ya tenían muy claro que el mercado eléctrico podía ser demasiado volátil, muy influenciado por los años secos o lluviosos. Como se ha apuntado, en ejercicios con sequía el precio en el mercado se disparaba y los años húmedos podía ser demasiado bajo. La dependencia hídrica era descomunal. Eso es una clara señal de mercado poco desarrollado y todavía puede verse en algunos países de Latinoamérica, con una gran potencia hidroeléctrica instalada.

La compañía había sido pionera con el producto indexado al *pool* eléctrico, que era algo así como una hipoteca variable indexada al Euribor. Se lanzó en 2002 y ahora es un producto que tienen todas las eléctricas. Absolutamente todas. Ese hito, como se apuntaba, no se lo podrá retirar nadie a la compañía, pase lo que pase.

En 2008, como se ha dicho, se dio luz verde a la liberalización del mercado eléctrico, mediante la supresión de la tarifa regulada a consumidores con potencias contratadas de más de 10 kW, algo que dio alas al mercado y mejoró aún más las condiciones para las pymes.

En 2013. tuvo lugar, de manera casi involuntaria. un gran hito para el mercado. De manera involuntaria, porque se generó después de un escándalo por presunta manipulación de precios en el mercado eléctrico en las subastas de TUR, en las que el Estado fijaba el precio fijo de tarifa eléctrica. En una de las subastas el precio se disparó y estalló la crisis, con denuncia y juicio incluido a ejecutivos de Iberdrola por manipulación de precios de mercado. Eso ocurre en diciembre de 2013.

El ministro del ramo, el canario José Manuel Soria, del Gobierno del PP, se vio muy presionado, y modificó el mercado, transformando la TUR en una tarifa indexada a precio de mercado (PVPC). Eso significó *de facto* la liberalización, también, del mercado doméstico. Ya no se trataba de que el Gobierno fijara una tarifa, sino que el cliente tenía una tarifa indexada a precios de mercado.

Por tanto, es a partir de 2013, cuando puede decirse que llega un mercado liberalizado totalmente. Algo que se traduce en que Factorenergia comienza a contratar a mucho cliente doméstico. La compañía y su fundador fueron los primeros en concebir y lanzar una tarifa indexada al mercado, que por azares del destino acaba siendo la tarifa del consumidor doméstico, eso es algo que les llena de (secreto) orgullo.

Conviene hacer, de nuevo, un pequeño resumen, para que el lector no familiarizado con el complejo sector eléctrico tenga una foto mental del mercado: la liberalización comienza en 1998, tras la citada Ley del Sector Eléctrico de 27 de noviembre 54/97 de noviembre de 1997. Los siguientes dos años fueron de probaturas y desarrollos. Recordemos que se creaba un mercado electrónico de oferta y demanda a tal efecto, entre otras muchas cosas.

Inicialmente, se beneficiaron del nuevo marco liberalizado empresas cuyo suministro era de alta tensión, y su consumo superior al medio millón de kilovatios anuales. La apertura del mercado se realizaba, por tanto, mediante segmentación, en función del consumo y la tensión.

En 2003, comenzó una segunda fase, que fue claramente beneficiosa para Factor, con la apertura a este mercado libre de la pequeña y mediana empresa. Pero a partir de 2008 es cuando desaparece la tarifa regulada para grandes empresas y pymes.

Por su lado, el mencionado año 2013 es el ejercicio clave para el usuario doméstico residencial, con la tarifa libre indexada a mercado, que provocó que el mercado para el particular se basara en el modelo que concibió Factor y Emili Rousaud para las empresas. Eso no se lo quitará nadie.

Es en ese momento, con el mercado ya liberalizado por completo, es cuando comienzan a plantearse en serio la posibilidad de entrar en el mercado del gas natural. Entonces, Rousaud fichó a un ejecutivo que estaba trabajando para Sonatrach (Société Nationale pour la Recherche, la Production, le Transport, la

Transformation, et la Commercialisation des Hydrocarbures), la empresa nacional hidrocarburos argelina, en el área de gas natural, al que conocía desde hacía quince años, con un único cometido: lanzar el producto de gas de Factorenergia.

Dicho y hecho. En 2017, la compañía ya comercializa gas. Un segmento que está llenando de satisfacciones al grupo, como demuestran las últimas estadísticas de la Comisión Nacional del Mercado de la Competencia (CNMC), que revelan que es la principal compañía independiente por porcentaje de mercado. Todo ello, mediante venta cruzada a sus clientes eléctricos,

Al poco tiempo de empezar en España, la firma buscó nuevamente exportar el modelo, y empezaron a vender gas en México y, tímidamente, en Portugal.

En el año 2023, la facturación de electricidad era de alrededor de 350 millones de euros y la de gas de unos 100. Casi un tercio de los ingresos proceden de dicho segmento. Una cifra más que respetable, teniendo en cuenta que la electricidad es un suministro universal y el gas no. Todo el mundo tiene luz, pero no todo el mundo dispone de acometida de gas. Entre otras cosas, porque hay zonas de España donde no es necesaria, *de facto*, la calefacción. En el sur de España o en Canarias es desconocida. Si se dispone de gas es para calentar agua, pero también puede ser eléctrico.

Así, no es extraño que Factorenergia, una empresa innovadora y pionera en el mercado energético, esté apostando por la generación. Ya ha logrado todos los permisos para desarrollar una planta fotovoltaica de 10 megavatios en Mallorca, y la intención es continuar ese camino. Su estrategia es hacer todo el desarrollo, es decir, identificar el sitio donde puede establecer la planta de generación, tramitar los permisos necesarios, así como el punto de conexión con la red y construir.

Otras compañías compran proyectos en fase *ready to build*, es decir, adquieren un proyecto para desarrollarlo, pero ya diseñado. Factor empezó desde cero, pero eso sí, con socio local mallorquín, algo que ayuda mucho en zonas ajenas. En Cataluña o Madrid no se lo plantearían, ya que lo consideran zonas naturales de actuación. Pero fuera de esas dos comunidades sí: hay mucho trámite, muchos permisos, y necesidad de conocimiento local, con lo que un socio promueva con Factorenergia constituye el modelo ideal.

La generación fotovoltaica es solo un primer paso. Nada está descartado del espectro de la generación. Eólica, hidráulica... En Factorenergia están abiertos absolutamente a todo, siempre que tenga sentido desde un punto de vista económico, tecnológico y medioambiental.

19
La innovación como bandera: *Blockchain*, IA... y Belén Esteban

¿Qué está haciendo ahora Factorenergia en materia de innovación? Está trabajando en proyectos de inteligencia artificial propios. Acaban de lanzar un dispositivo que a través de una *joint venture* con una compañía local tecnológica, a través de *blockchain*, que permite en tiempo real conocer los autoconsumos compartidos en comunidades solares. De nuevo, un avance cuyo *know-how* seguro que será de uso generalizado en el futuro.

Blockchain es un asunto vital para desarrollar en el futuro el concepto de comunidad energética, ya iniciado, ya que su uso se puede aplicar tanto en comunidades de vecinos como en el despliegue de instalaciones que puedan compartir su energía con cualquier con consumidor que esté en un espacio relativamente cercano.

Esto ya lo permite la normativa actual y de lo que se trata es, ni más ni menos, que de un proceso de democratización de la energía. Con este proyecto, Factor quiere promover comunidades fundamentalmente solares, con una idea de futuro: en cuanto el almacenamiento de la energía tenga un precio adecuado, es decir, el coste de las baterías o las tecnologías de almacenamiento sea eficiente, pueden nacer comunidades con una gran autonomía energética.

Es decir, que produzcan su energía, almacenando el excedente y, si es de origen solar, la distribuyan a lo largo del día.

Esta compañía se llama Blockchain Digital Energy, y con sus dispositivos se puede ver en tiempo real tanto lo que la instalación común está produciendo como la energía que a le corresponde consumir al usuario y, por tanto, indica que energía de esa instalación común está viniendo al punto particular de consumo. Por supuesto, se puede ver de esta manera qué está consumiendo.

Además, se está desarrollando una capa de valor basada en inteligencia artificial, mediante la cual, si el usuario describe de un modo somero los dispositivos eléctricos que tiene en tu domicilio (básicamente, electrodomésticos e iluminación), asumiendo las potencias medias de cada uno de los equipos, Blockchain Digital es capaz de buscar la combinación y aconsejar. Con esta tecnología se puede saber en el acto qué elementos están generando el consumo.

Si eso se combina con el conocimiento de los precios eléctricos en el mercado mayorista, es posible realizar propuestas de ahorro energético para el hogar. Semejante avance va a tener una importancia creciente, porque el ahorro energético en un domicilio podrá automatizarse. El internet de las cosas (IoT) cobra relevancia día a día y, así, será el propio dispositivo quien acabe dando órdenes a un importante número de electrodomésticos y *gadgets*.

Por ejemplo, un coche eléctrico: será esta tecnología quien puede recomendar y ejecutar la carga en el mejor momento. ¿Por qué el dispositivo *blockchain* va a saber todo esto? Porque tendrá una lectura en tiempo real de lo que está haciendo la instalación, tanto el domicilio como la comunidad de autoconsumo.

¿Qué ventajas proporciona la tecnología *blockchain*? A pesar de tratarse de autoconsumo compartido, la cadena de bloques significa una encriptación de datos de un nivel altísimo, que permite que todos esos datos de consumo, de reparto de la energía, no sean manipulables.

Eso, que puede parecer que no es relevante, en una comunidad energética es vital, porque ofrece la garantía de que nadie está manipulando datos. Entre otras cosas, elimina la eterna duda que pende sobre el españolito de a pie, no exenta de fundamento: «Mi contador no mide bien».

La tecnología *blockchain* está desvinculada del interés económico de un distribuidor, ya que mide en paralelo el consumo y el de una comunidad, fomentando conductas de ahorro energético y, a la vez, económico. Por supuesto, es una tecnología que contribuye a la sostenibilidad del planeta.

Ahora mismo, no hay otra compañía que disponga de ella, a pesar de su enorme utilidad para impulsar las comunidades energéticas.

Se da, así, a un caso de consumidor empoderado, que tiene su propia instalación, y a la vez, gestiona una instalación común, una batería y puede llegar a alcanzar una cierta independencia energética frente al sistema eléctrico y las grandes *utilities*.

La democratización energética ya ha llegado y no solo es una cuestión de precios, sino de calidad. Muchas perturbaciones eléctricas que hacen que incluso se pueda quedar en un momento dado sin suministro eléctrico, se evitan con instalaciones propias.

Al igual que con el reto español de convertirse en un gran productor de energía, hay un reto de comunicación por delante. Sin embargo, seguramente no será tan complicado como el anterior.

Quizá no sea lo más sencillo del mundo explicarles a personas de la tercera edad el concepto de democratización energética, pero el tiempo corre a favor. Todos tienen ya un teléfono inteligente y cada año se incorporan más a la digitalización. La brecha digital entre generaciones es cada vez más delgada. Una persona de sesenta años ya es prácticamente una nativa digital.

La tecnología y la innovación están en el ADN de Factor. No solo con *blockchain*, también la inteligencia artificial (AI). La compañía cuenta con una comercializadora muy enfocada al público joven, llamada CreaEnergía, con un perfil claramente digital.

CreaEnergía está basada en tres pilares: es digital, transparente y es sostenible. Está formada por un equipo muy joven. La génesis de la entidad tiene su anécdota. Emili Rousaud estaba en París, en el puente de diciembre, y leyó en la prensa que se abría la inteligencia artificial. Así era: Open AI la hacía accesible para todo el mundo, cuando era algo que en general parecía solo al alcance de las grandes empresas y consultoras tecnológicas, que la vendían por auténticas millonadas.

Pero con esta novedad por parte de Open AI (compañía sin ánimo de lucro cuyo fin es desarrollar la inteligencia artificial y colocarla al alcance de todo el mundo), abría una pequeña caja de Pandora.

En cuanto el presidente regresó a la compañía, llamó a su *chief data officer* (CDO), encargado de todo el tema de procesamiento de datos, y, como suele ocurrir en estos casos, el mandato fue muy sencillo: «Tenemos que entrar en esto».

Como no había apenas expertos en esta materia en España, se dedicaron a buscar y contratar estudiantes recién graduados en Informática, con buen expediente académico y comenzar el aprendizaje en la empresa con ellos.

La idea era la de comenzar una andadura de conocimiento propio, en un sector donde apenas casi nadie sabía. Poco a poco, se construyó un muy buen equipo, que es un motivo de orgullo en la compañía, de unas veinte personas, especializadas en el análisis de datos y la IA. De hecho, algunos de ellos ya no están, porque fueron fichados a precio de oro por otras grandes corporaciones, ávidas de ese conocimiento. Pero el modelo ya estaba implantado.

Mucha gente recuerda que la imagen de la campaña de lanzamiento de CreaEnergía fue Belén Esteban. La mediática figura se identificaba mucho con la nueva división por lo disruptivo que constituía usar la inteligencia artificial para vender electricidad por teléfono.

Cuando el equipo alcanzó el hito de poner voz a una IA entrenada para vender por teléfono, realizaron un intenso *brainstorming* para decidir qué voz le ponían a la inteligencia artificial de Crea, y, evidentemente, surgieron nombres de lo más pintoresco, entre ellos, el rey emérito, algo que, sin duda, habría encantado a una gran parte de la población. Sin embargo, se descartó, por elementales motivos de prudencia, y se contrató a la «princesa del pueblo».

Para lanzar la campaña, se clonó la voz de Belén y se incorporaron gran parte de sus expresiones. Durante un tiempo, el cliente que hablaba por teléfono con CreaEnergía lo hacía con Belén Esteban en modo virtual.

Como todo proceso inicial, tiene su curva de aprendizaje y, a pesar de que la campaña contó con un premio, una gran cantidad de llamadas proactivas lo hacían, no por deseo de contratar un mejor producto de electricidad, sino por hablar con una Belén Esteban a la que podían preguntarle por un restaurante o consultarle sus problemas. Cosas así ocurrieron, pero el *engagement* que se buscaba era clientes identificados con energías renovables, con la posibilidad de operar en comunidad.

Pero aquello fue todo un hito tecnológico. De nuevo, Factorenergia fue la primera. Lograron que la inteligencia artificial hablara y esto les ha otorgado un gran prestigio en el mundo tecnológico. A partir de esa experiencia, han podido desarrollar muchas aplicaciones de voz, ya no con la voz de Belén Esteban, sino orientadas a la atención al cliente e incluso para otros usos.

Por cierto, Belén Esteban es recordada con gran cariño en Factor: resultó una persona encantadora, muy cercana, y una gran generadora de buen rollo.

Desde hace tiempo, se está trabajando muy duro en IA, aunque a la plantilla se le ha transmitido que no por ello va a haber despidos, ni siquiera en el *call center*, donde esta nueva tecnología está captando cada vez más protagonismo.

En el momento de escribir esto, la IA atiende alrededor del 30 % de las llamadas de atención al cliente y son atendidas tanto con voz, como por WhatsApp, o incluso por correo electrónico. Contesta en los tres canales. Por citar algunos ejemplos, si un cliente llama y pide la última factura, la inteligencia artificial de forma automática se le busca y la manda por correo electrónico. Si se desea la lectura del contador, automáticamente, la traslada al departamento para que se incorpore como lectura.

Es una realidad que muchos clientes dicen que no quieren hablar con una máquina, principalmente porque la voz habla con un tono algo metálico. Algo que se está corrigiendo y prácticamente está solucionado, ya que la IA es capaz de clonar voces humanas con una grabación de solo 15 segundos. Sin embargo, eso es algo que todavía está en *stand by*, ya que está pendiente de regulación. No se puede copiar la voz humana sin más, por elementales motivos, a pesar de que ya es fácil recibir memes acústicos con personajes célebres diciendo las cosas más inverosímiles.

En cambio, cuando el contacto es por WhatsApp, la clientela no pone apenas reparos, ya que las incidencias suelen ser solucionadas de manera rápida y discreta.

La IA, sin embargo, no está implementada solo en el departamento de atención al cliente, está en todos los departamentos. Actualmente, una reclamación que llega al departamento jurídico la contesta perfectamente la inteligencia artificial, que, además, almacena datos y evoluciona. Como buena inteligencia, aprende de la experiencia.

Como siempre, en la compañía tienen una visión sobre esta realidad. En Factor creen que nos dirigimos a un futuro que puede ser magnífico si la sociedad lo sabe encarar bien. En la revolución industrial de finales del siglo XX se logró un crecimiento exponencial de las economías, a pesar de la inevitable reducción de mano de obra, que permitió una reducción de la jornada de trabajo, algo vital, ya que en aquellos tiempos se trabajaba en unas condiciones no demasiado lejanas a la esclavitud.

La IA va a aportar de manera inevitable una nueva reducción de la jornada de trabajo. Conforme se desarrolle, la gente va a tener más tiempo para ocio. Llegará, sin duda, la posibilidad de trabajar menos días que los actuales cinco por semana, o una reducción de las jornadas laborales.

Estamos hablando de mejorar la calidad de vida, no necesariamente de destrucción de empleo. Hay trabajos que la IA puede reemplazar perfectamente (y mejor) que el ser humano, pero, por supuesto, hay otros donde nunca va a poder ser un reemplazo porque se buscará, precisamente, el toque humano.

El toque artesanal, incluso con trazas de error, o la empatía son asuntos que cobrarán valor, al igual que las ideas, que todavía valdrán más. La tecnología permitirá desarrollarlas y, seguramente, no hará falta estudiar tanto ni trabajar para ello, pero la idea nace del ingenio y la inteligencia del hombre.

Se avecina un cambio social, si se regula bien, será mejor. Tendremos más ocio y el reto será saber qué hacemos con ese ocio. Será bueno no perder la autoexigencia. Que la sociedad incida en estimular a su gente, para que mantenga un espíritu crítico, se desarrolle culturalmente, e intelectualmente se plantee retos. No queremos una inteligencia artificial que nos lo haga prácticamente todo.

20
(Un pequeño paréntesis: la aventura del Barça)

Merece un capítulo aparte la presencia de Emili Rousaud en la directiva del F. C. Barcelona, cargo al que llegó gracias a la indiscutible relevancia social que otorga ser fundador, presidente y accionista de una empresa que factura muchos millones de euros y que es de la propia Barcelona. Si se suma a eso el barcelonismo de corazón que profesa desde muy niño el presidente de Factor, la llegada de Rousaud el Barça parecía escrita en el destino desde siempre.

El paso por Esade, tanto del entonces presidente del club, Josep María Bartomeu, como del de Factorenergia, constituyó un nexo, aunque fuera inconsciente, porque el talento y la profesionalización son variables imprescindibles en el fútbol profesional actual. Esade ha sido una constante en el club en los últimos tiempos.

En el siglo XXI, el estilo de gestión empresarial y la prioridad de lo económico se instaló para quedarse en unos clubs que son cada día más una corporación global, con altísimos presupuestos y que, a la vez, sufren una competencia absolutamente desleal por parte de los clubes estado. Sin ir más lejos, el cheque con el que el PSG pagó el fichaje de Neymar al F. C. Barcelona estaba emitido por... el Estado de Qatar, a través de su banco público el Qatar National Bank, no por la entidad deportiva parisina. Un doble rasero económico, indisimulado hasta la obscenidad, que ahoga a los clubes tradicionales. Y que les ha causado quebrantos indirectos, por esa clara competencia desleal de la que se benefician entidades dopadas financieramente.

Rousaud fue uno de los más firmes defensores de aplicar esas prácticas buenas empresariales a la entidad de sus amores (además de Factor). Desde muy pequeño, fue con su padre a ver los partidos de fútbol al Camp Nou. En 1983, le pidió que le hiciera socio, ya que hasta la fecha accedía con el carnet de su madre. El año anterior, 1982, gracias a la ampliación que hizo Josep Lluís Núñez para el Mundial de España, el estadio aumentó mucho su capacidad de público. Casi un tercio de aforo y eso dio opción a que los socios sin abono tuvieran la oportunidad de obtenerlo.

Su padre le tentó con una moto, pero el joven Emili, inteligentemente, quería el abono, pero al tratarse de nuevo aforo se obligaba a los nuevos abonados a pagar cuatro temporadas por adelantado, no en balde Núñez era un empresario con mayúsculas. Era el año, además, en que iba a llegar Maradona, en lo que constituyó un hito mundial, que batió récords de importe de traspaso y parecía abrir un futuro glorioso, en un equipo que juntaba a los dos mejores jugadores posibles del mundo: Schuster, el mejor de la Eurocopa 1980; con 22 años, y Maradona, la magia hecha carne y con todo lo mejor por delante.

Así que desde ese año ya no tuvo que usar el carné de su madre. El tiempo discurrió y Emili Rousaud disfrutó de su abono, con el discurrir de alegrías y tristezas inherentes al fútbol.

La afición fue in crescendo y el crecimiento personal y profesional que trajeron los años, lejos de suavizarla, la incentivó. Tanto es así que, en 2015, su amigo Óscar Iniesta, histórico profesional de las relaciones públicas, los eventos y la comunicación, con experiencia en firmas como Weber Shandwick o Llorente y Cuenca, le propuso un encuentro con el entonces presidente del Barça, Josep María Bartomeu. Algo informal, habitual en las altas esferas, poco más que «os tenéis que conocer». Ni qué decir tiene que Emili Rousaud fue encantado de la vida.

Barto era un directivo de la primera época de Laporta, que luego continuó con Sandro Rosell (de nuevo, Esade) y que finalmente se hizo con la presidencia tras la dimisión de este último por el llamado caso Neymar, un despropósito que mandó a la cárcel al propio Rosell para ser luego —con toda justicia— exonerado de culpas.

En ese encuentro hubo una excelente conexión personal (¿Esade, quizá?) y el propio Rousaud le dejó caer su ilusión por formar parte, algún día de la directiva del equipo de su corazón. Bartomeu tomó buena nota y, de momento, le facilitó por sorpresa dos entradas para la final de Champions en Berlín de 2015.

Regalo que le causó una enorme ilusión, aunque el viaje tuvo que ser organizado a toda prisa y le consiguieron habitaciones en un hotel lleno de *tifosi* de la Juventus. Bonita experiencia, aunque en las inmediaciones del lugar de alojamiento tuvo que ir de incógnito.

Casi inmediatamente después de las celebraciones por el título conseguido (el segundo triplete), el presidente le emplazó para unirse a su candidatura para las elecciones que se celebraban en julio de 2015. Aceptó encantado, pero ahí ya pudo empezar a darse cuenta de que no todo es un camino de rosas. Para empezar, había que realizar un importante desembolso personal. A continuación, no se cobra remuneración por ser directivo, pese a la implicación personal que conlleva y el desgaste de imagen en cuanto los resultados no van como se desea, cosa que ocurre a menudo, incluso en los clubes grandes.

En la reunión de constitución de la candidatura, Rousaud se encontró con otro compañero de estudios y buen amigo: Enrique «Quique» Tombas, con quien había coincidido el día antes en una cena de 25 aniversario de Esade, sin comentar ninguno de los dos su inclusión en el equipo de Bartomeu, con lo que se demostraron mutuamente que la discreción es una virtud que cultivan. Buena cosa.

Las elecciones se ganaron con mucha holgura, como no podía ser de otra manera, con un triplete como aval. Se presentaba un Joan Laporta que venía de (poco menos que) zascandilear por la política catalana y que parecía intentar regresar al club buscando de nuevo refugio, toda vez que su plan megalómano, que contemplaba pasar de ser el mejor presidente de la historia del Barça a convertirse en el *president* de la Generalitat que promulgara la independencia; pasando a la historia nacional catalana, se había derrumbado como un castillo de naipes.

Sí, la formación Solidaritat Catalana per la Independència de Laporta obtuvo 4 escaños en el Parlament en 2010, pero a partir de ahí, comenzó una retahíla de negociaciones para las elecciones municipales y generales que más bien eran pasteleos, para firmar coaliciones soberanistas que acabaron en nada. La repetición de comicios en 2012 les dejó ya sin representación.

Los debates presidenciales para elegir presidente del Barça, en TV3, dejaron claro que Laporta llegaba de manera improvisada y no tenía, realmente, nada que ofrecer, más allá de su carisma personal. Bartomeu, por el contrario, los preparó a conciencia, mantuvo un perfil serio y profesional y supo aflorar de su oponente la sombra inequívoca del oportunismo.

Apoyado en una victoria incontestable y un triplete, los primeros años de ese nuevo mandato fueron muy bien, con grandes experiencias y títulos: doblete en competición nacional y la sensación de que los años de gloria no habían terminado, ni mucho menos.

Rousaud pudo, como directivo, tener la pequeña gran satisfacción al invitar a su padre al palco del Camp Nou, foto incluida. Una foto de enorme valor personal, ya que su progenitor falleció poco tiempo después. Todo aquel que lo tiene sabe que el recuerdo de ir al campo de fútbol padre-hijo queda grabado en oro en el interior, para siempre.

Pero el citado caso Neymar seguía su curso y, después de cobrarse la cabeza de Sandro Rosell, abrió una crisis más que delicada, ya que la junta tuvo que decidir si aceptaba que el Barça se declarara culpable como entidad jurídica ante la Fiscalía y, por tanto, tuviera una condena penal, que era algo que en el ordenamiento legal español se había aprobado recientemente.

La Junta votó que sí de manera mayoritaria, exceptuando cuatro personas: Carles Vilarrubí, que argumentó que era consejero de una compañía de seguros (Willis S&Cc), que daba cobertura al Barça y que lógicamente no podía posicionarse en este tema a favor. Los demás miembros que no votaron afirmativamente fueron María Teixidó, Quique Tombas (tesorero) y Emili Rousaud. Algo que a Bartomeu le sentó un poco a cuerno quemado.

Y les pasó la correspondiente factura, teniéndoles algo apartados de las grandes decisiones. El aire comenzó a viciarse.

Emili Rousaud era miembro de la comisión para el Espai Barça. Estuvo en el jurado que decidió el proyecto ganador del concurso y se volcó en dicho apartado, ya que no se le daba excesiva participación en otros asuntos. También fue responsable del fútbol inclusivo, que incorporaba a personas con distintas capacidades y que le proporcionó una gran satisfacción personal.

Sin embargo, un par de años después, Rousaud dejó sus responsabilidades en el Espai Barça, pasando a ocuparse del comité de Adjudicaciones, que supervisaba que las compras se realizaran con criterios de transparencia y *compliance*. El cambio vino por la solicitud personal del directivo Xavier Vilajoana, CEO de la constructora Euroconstruc, al propio Bartomeu. Vilajoana defendía, probablemente con razón, que contaba con mayores conocimientos técnicos para un proyecto de tanta envergadura como el Espai. Un hombre a pie de obra, que pedía supervisar la gran obra. A Rousaud le pareció razonable la propuesta, a pesar de que era innegable que ese directivo era ambicioso.

Eso ocurría a mediados de la temporada 2018-2019, que iba estupendamente..., hasta el mes de mayo. En ese mes, el Barça iba a jugar la vuelta de las semifinales de la Champions contra el Liverpool, con un resultado favorable en la ida de 3-0, había ganado la Liga y llegado a la final de la Copa del Rey. El triplete volvía a estar al alcance de la mano. Peligrosamente cerca, podría decirse ahora.

Tocaba jugar el partido de vuelta en las islas británicas, en el venerable Anfield Road, después de haber ganado por tres goles en el Camp Nou, en la ida, que podrían haber sido cuatro si Dembélé no hubiera pifiado en los últimos instantes un balón a puerta vacía, a pase de Messi. El argentino había metido un gol en jugada personal y otro, auténticamente espectacular, de falta directa, en la que quizá fue su última gran noche europea.

El CEO de Factor nunca se había desplazado en Champions, sobre todo porque los partidos tienen lugar entre semana y, al final, entre ida y vuelta se pierden dos días de trabajo, cosa por la que no estaba en absoluto por la labor. Pero esa vez hizo la excepción: la ocasión y los tres goles de ventaja lo justificaban.

Sin embargo, el Barça perdió 4 a 0 en Liverpool, en uno de los mayores mazazos de toda la historia del club. Fue un partido calamitoso, pese a que el equipo británico no contaba con sus estrellas Salah y Firmino. Pues, aun así, remontó de manera increíble, con sendos dobletes de los modestísimos jugadores Wijnaldum (hoy juega en Arabia) y Origi (Nottingham Forest). En dicho encuentro hasta el más inocente pudo incluso sospechar cosas raras, porque el cuarto gol del Liverpool, que eliminaba al Barça, se produjo en un córner, con todo el equipo catalán mirando a otro sitio mientras los ingleses sacaban a toda prisa y empujaban el balón sin oposición. Fue una jugada ridícula.

Ahí, empezó una debacle que llevó a que en poco tiempo se perdiera la final de la Copa del Rey en Sevilla contra el Valencia. Y eclosionó definitivamente una crisis que puede decirse sigue viva hoy, al menos, institucionalmente.

Bartomeu comenzó a perder el control de la economía del club. Tras ese hundimiento, se celebró una reunión ejecutiva en un restaurante fuera de Barcelona, con la junta directiva en pleno. En dicho encuentro se levantaron seriamente las voces de alarma. En primer lugar, porque empezaba a haber un cierto riesgo económico, ya que los dos ejercicios anteriores (2019 y 2020), se habían salvado en términos de balance mediante una permuta de jugadores. En 2019, fue el intercambio con el Valencia de los porteros Neto y Cillesen y en 2020 los centrocampistas Arthur por Pjanic, con la Juventus por medio, por un importe mucho mayor aún.

La operación, aun siendo lícita, es un artificio contable, mediante el que se apunta el ingreso de la venta al contado, y se revierte todo el dinero provisionado en el tiempo. Con esta operativa, cada club vendía al otro un jugador por 65 millones (caso Arthur-Pjanic), y se anotaba de golpe el ingreso y la reversión de la amortización acumulada, pero no se producía una entrada de caja, era un beneficio contable pero no líquido.

Lo cual generaba un beneficio ilíquido, que permitía que los números se arreglaran contablemente en cuanto a resultado, pero en absoluto en lo relativo a la caja, porque la operación no generaba ni un euro contante y sonante.

En segundo lugar, la otra llamada de atención con carácter de urgencia hacía referencia a la situación salarial de la plantilla, con especial atención al caso Messi. El propio Leo Messi tenía una ficha altísima, aunque muchos directivos (entre ellos, Rousaud), sostenían que era precisa su continuidad, porque generaba lo que se le pagaba, en su condición de mejor jugador del mundo y, por encima de todo, megacelebridad global. Pero otros como Gerard Piqué, Jordi Alba o Sergi Busquets también cobraban como los mejores del mundo en sus puestos, aunque claramente hacía años que ya no lo eran. Estos tres jugadores, además, dedicaban grandes esfuerzos a estimular a sus compañeros para que presionaran con exigencias salariales a la directiva.

Ninguno desoyó los consejos. Muchos otros que jamás sonaron entre los mejores del mundo también pasaron por caja a firmar grandes contratos, básicamente con el argumento de que tenían el apoyo de los pesos pesados de la plantilla.

En el mundo del fútbol los peores errores son los fichajes. Si se ficha bien es un gran negocio y si se genera un jugador franquicia como era el caso de Leo Messi, eso constituye un auténtico chollo, ya que genera muchos ingresos al club, por *ticketing*, patrocinios, derechos de televisión y de imagen o marketing.

Pero, claro, una cosa es tener un jugador de este tipo y otra cosa es retribuir a miembros de la plantilla a estos niveles cuando realmente no generan esos ingresos, aunque ellos crean que son imprescindibles o muy importantes, o cuenten con el apoyo de algún jugador franquicia y la directiva no se atreva a contrariarle.

Algunos directivos tenían claro que ese modelo basado en gastar la totalidad de lo que se ingresa, sin capitalizar el club, se estaba agotando y en ese restaurante le plantearon a Bartomeu la posibilidad de convocar anticipadamente elecciones. El presidente alertó del riesgo de perderlas, pero el propio Rousaud, a quien algunos consideraban el delfín, insistió en que, por el bien del club, era mejor perder que demorar la situación.

Se llegó a votar y ganó la opción del adelanto electoral, pero entonces se filtró la reunión a la prensa, con la interpretación errónea de que se había solicitado la dimisión de Bartomeu, y este no permitió que se ejecutaran las votaciones aprobadas en dicho encuentro, señalando que no fue una Junta ordinaria, a pesar de que estuvo reunida al completo.

Bartomeu se enrocó y continuó un mandato que fue bastante caótico, saldado con su dimisión en octubre de 2020, tras el caso Barçagate y un nuevo desastre europeo, que tuvo la guinda en un burofax de Leo Messi pidiendo su marcha del club, algo que, con razón o sin ella, resquebrajó el corazón de la afición.

El presidente se iba, en plena pandemia, ante la amenaza de una moción de censura, después de que el Bayern de Múnich le endosara la peor derrota europea conocida en la historia del club (2-8), tras la cual el astro argentino pidió irse mediante esa fórmula administrativa, apelando a que su contrato había finalizado. El Barça consideraba renovado automáticamente su compromiso, ya que no había manifestado lo contrario en tiempo y forma, así que Messi se quedó un año más, pero totalmente a regañadientes. Una historia, por encima de todo, triste para el aficionado.

La masa social y la opinión pública tomó partido por Messi, aunque en descargo de la directiva hay que recordar que son contados los casos de grandes figuras que se van por la puerta grande. Di Stéfano se marchó enfadadísimo del Real Madrid y jamás se reconcilió con Santiago Bernabeu, Maradona se fue, despedido, al Nápoles, donde también acabó mal; Futre salió fatal del Atlético de Madrid o el mismísimo Cruyff tuvo un final poco menos que grotesco en el Barça. La lista es muy larga.

El caso Barçagate reveló la contratación de una compañía que, al parecer, tenía como objetivo denigrar a opositores y también a determinados jugadores. Algo que afectaba a Emili Rousaud, ya que cualquier contratación que no hubiera sido recurrente, debería haber pasado por el comité de adjudicaciones que era su responsabilidad.

Se trataba de un contrato de algo más de un millón de euros, que no pasó por sus manos, entre otras cosas porque había sido fraccionado, oportunamente, para evitar filtros de supervisión.

Ello provocó la decisión de dimitir en la próxima junta directiva que se convocase, de seis directivos, cinco de ellos, realmente alarmados y molestos por la situación. El primero de ellos, por supuesto, el mismísimo Rousaud.

Esto llegó a oídas del presidente; alguien se lo filtró, que se les adelantó y les exigió la dimisión. Petición que acataron sin oponer el menor problema. Un Rousaud caliente ante la pregunta trampa de un periodista afirmó que, en cierto modo, dado que no había habido controles, podría afirmarse que alguien estaba metiendo mano en la caja (y aún no había estallado el caso Negreira) y Bartomeu le enseñó la puerta a él y a Enrique Tombas, Silvio Elías, Josep Pont, a los que se sumaron María Teixidor y Jordi Calsamiglia.

Bartomeu, a quien, en el fondo, Rousaud guarda cariño y agradecimiento, cometió dos grandes errores. Uno de ellos es no tener un buen secretario técnico. Primero, tuvo a Robert Fernández, que no tenía ninguna experiencia. Luego, nombró a Pep Segura, que tampoco tenía gran trayectoria ya que era un preparador físico y finalmente a Eric Abidal, que había sido un gran jugador, pero tampoco contaba con experiencia como secretario técnico.

Los secretarios técnicos deciden los fichajes, es decir, captan los activos del club. Son los grandes responsables del patrimonio.

El segundo error cometido por ese equipo directivo fue no haber gestionado el Barça como si fuera una empresa. No se hizo así y se cedió en exceso a pretensiones de los jugadores, que estaban claramente fuera de mercado.

Al poco tiempo, Bartomeu dimitió y tuvo que venir Carlos Tusquets, como presidente de la Comisión Estratégica Económica (órgano tan rimbombante como carente de funciones ejecutivas) a presidir una gestora que convocara las elecciones.

Tusquets, tesorero en la época del fichaje de Maradona auspiciado por Josep Maria Minguella a principios de los años ochenta, es un personaje muy relevante en Barcelona. Después de Isidro Fainé (con quien coincidió en sus primeros tiempos en Bankunión) es, tal vez, uno de los banqueros más importantes, junto a Josep Oliu, que ha tenido Cataluña en esta época contemporánea.

Fundó el banco Fibanc, que vendió a los italianos de Mediolanum (con su célebre palacete en la *avinguda* Diagonal), y que sigue presidiendo durante más de 20 años, por petición expresa de los compradores. Todo un experto financiero; la contratación del astro argentino alcanzó un récord de importe (superó la estratosférica cifra de 1000 millones de pesetas), pero la abarató en un 50 %, ya que, al abonarse en pesos argentinos, durante unos meses, fue comprando bonos del país en Wall Street, denominados en dólares, y los vendía en la Bolsa de Buenos Aires en pesos. El efecto divisa hizo de oro al Barça. De nuevo, queda clara la importancia de la gestión financiera en los clubes de fútbol profesionales. Eso ocurría en los primeros años ochenta.

Tusquets convocó las elecciones, pero dio una muy seria voz de alarma sobre el estado del club: no había dinero en las cuentas, el estadio se estaba cayendo a pedazos y llegó a incendiar a la masa social, diciendo que él habría dejado ir a Messi cuando lo solicitó. Cosa que tuvo que matizar al poco tiempo.

Joan Laporta ganó las elecciones de marzo de 2021, merced a una desafiante pancarta situada en las inmediaciones del estado Santiago Bernabéu, con su rostro y una leyenda: «Ganas de volver a veros».

Eso y poco más le sirvió para ganar unas elecciones que tuvieron tintes dramáticos. El responsable económico de la candidatura era Jaume Giró, histórico directivo de La Caixa, que había salido un tanto abruptamente de su Fundación, donde ejercía de número dos.

El día de la victoria electoral, era manifiesto que Giró no tenía buena cara, frente a la euforia habitual de Laporta, cada día más desmedido. Horas después, presentaba la dimisión, aduciendo que tenía que irse a Londres por trabajo, aunque por la capital británica no se le vio y sí por el Govern, donde fue *conseller* de Economía.

Poco después, se supo que no había logrado la principal misión que le encomendó Laporta: lograr los avales necesarios para que se pudiera constituir la nueva directiva del club. La situación reveló una estructura de la candidatura muy chapucera, ya que se lograron dichos avales in extremis, a altas horas de la madrugada, movilizando a lo más granado de la sociedad catalana: desde Roures a algunos banqueros, pasando por el fundador de Audax, José Elías, que impuso a su mano derecha, Eduard Romeu, como vicepresidente económico. Unos minutos más y se habrían tenido que repetir las elecciones, por falta de avales.

En el momento de escribir esto, Romeu acaba de dimitir a Laporta sin mayor explicación a la opinión pública, en lo que constituye la decimoctava dimisión de un directivo a Laporta. Pero esto ya es otra historia.

Como colofón, ¿qué visión tiene el ejecutivo Emili Rousaud sobre el F. C. Barcelona? Opina que la presidencia de Josep Lluís Núñez sentó las bases de lo que es el Barça como institución, instalada para siempre en la élite, con una masa social global y un poderío financiero incuestionable.

En su opinión, Núñez siempre tuvo clara una cosa: que la entidad está por encima de todos, llámese Ronaldo Nazario en su mejor momento, a quien vendió al Inter de Milán por una cifra récord antes que ceder a una inacabable reclamación de mejor remuneración, o el ya citado Maradona, que, por muy bueno que fuera, no podía continuar en el club después de la batalla campal de la final de Copa de 1984, donde dejó sin sentido a un miembro del *staff* del Athletic de Bilbao de un rodillazo, entre una inacabable retahíla de peripecias.

Eso facilitó la llegada de una nueva edad de oro, con la primera presidencia de Joan Laporta, que afloró éxitos nunca vistos gracias a un equipo muy competente, como el propio Sandro Rossell, Ferran Soriano y otras personas que venían del entorno de la consultoría. Lo capitalizó Laporta, pero, como casi todos los casos de éxito, se debió a todo el equipo directivo.

Y hoy, dejando de lado los problemas institucionales del club, la realidad es que el momento es complicado para el modelo de equipo grande tradicional, sin el apoyo de los clubes estados. Estos han inferido una inflación al fútbol que provoca que los pagos a las grandes estrellas sean algo descomunal. Una estrella de primer nivel tiene claro que cuando se retire va a ser billonaria, es decir, con un patrimonio de más de 1000 millones de euros. Algo a lo que ya han accedido algunos como Messi o Cristiano Ronaldo y en lo que están otros como Mbappé, Neymar, Benzemá, De Bruyne, Haaland, y todo aquel vinculado a una institución emirática.

Una carrera imposible de seguir por los venerables equipos, que tienen que apelar al salario emocional para atraer figuras, o buscar en las canteras, propias o ajenas, talento joven, para formarlo e intentar retenerlo lo más posible.

A eso se suma que los entornos de los futbolistas no son los más adecuados. Colocan en primer lugar los aspectos económicos frente a los deportivos, con intereses que muchas veces son más propios de los asesores que del jugador. Agentes, hermanos, padres, madres y demás familia parasitaria; asesores que generan problemas fiscales (cuando no acaban directamente ante la Justicia) son el hábitat habitual de las estrellas, incluso de las jóvenes promesas. Algo con lo que deben lidiar día a día los clubes.

Tal vez, la transición energética que impulsará la electrificación modifique en alguna medida esta situación, tan poco deseable desde el punto de vista del aficionado. Es decir, quizá la electricidad universal y barata haga que los Emiratos dejen de ser todopoderosos, aunque los seguidores del Manchester City estén felices. Este club, fundado en 1880, había ganados dos ligas, cuatro copas y una Recopa en más de 100 años, hasta que lo compró el Abu Dhabi United Group en 2010. A finales del pasado siglo, pululaba por la tercera división. Hoy, es una apisonadora que juega, eso sí, con las cartas marcadas.

21
Reflexiones finales

La internacionalización

Factorenergia es una historia empresarial que acaba de cumplir 25 años y que, de cero, o, más bien, desde negativo, ha pasado a ser un actor importante en la escena energética española.

A finales del pasado siglo, era impensable que pudiera entrar un recién llegado en ese olimpo al que tantas veces se ha aludido. Pero hoy, factura cerca de 1000 millones de euros y tiene beneficios recurrentes. Ha hecho ganar mucho dinero a sus accionistas, pero, sobre todo, ofrece la sensación de que sus mejores momentos todavía tienen que llegar.

Es una compañía joven, con un *management* lleno de vigor, proyecto propio y capacidad de innovación.

En los próximos años, pretende seguir avanzando, a lomos de la tecnología y la internacionalización. Serán sus ejes de actuación. La internacionalización es la que ha permitido que España tenga empresas grandes y eso lo tienen grabado a fuego lento en la compañía con sedes en la avda. Diagonal y la calle Orense.

Es, claramente, el vector de crecimiento que contemplan. Tienen claros los países donde aterrizar y todo el campo del mundo para correr. Además, abrir nuevos mercados permite la diversificación de riesgos. Los futuros países agrandarán la cifra de clientes hasta cifras impensadas, con el impacto en la facturación y cuenta de resultados.

La diversificación hace a una empresa más fuerte. Menos vulnerable. Permite, además, sinergias que pueden devenir, incluso, en ventajas competitivas imbatibles. La aplicación de un modelo conocido y exitoso en otros mercados permite a la empresa que lo ha implementado, desarrollarse en nuevas economías, con más bajo coste.

Esta mejora de la eficiencia trae más calidad y acceso a talento. Los conocimientos industriales adquiridos en el pasado, sin duda, serán muy valorados en nuevas economías de destino, que pueden no ser tan fuertes en innovación y desarrollo de productos.

Y, por supuesto, la internacionalización conlleva una mayor fortaleza de marca. España no tenía multinacionales hasta los años noventa. Hoy, tenemos campeones internacionales. Pocos, pero nadie renuncia a competir en el extranjero. Al revés, lo está deseando. Factorenergia ya es una multinacional con todas las de la ley.

Internacionalizarse es algo que no figuraba en aquel primer *business plan* voluntarista de finales de los años noventa, pero que llegó, como quien no quiere la cosa, para ser el protagonista. Será la que maneje la hoja de ruta de la compañía en el futuro.

La tecnología

La tecnología, por su lado, es el gran motor de riqueza y crecimiento de los días presentes, y solo hay que mirar la lista Forbes para ver quiénes componen el top de millonarios, con patrimonios de más de 100 000 millones de dólares. Hay un dominio absoluto de los promotores de las grandes empresas tecnológicas norteamericanas, con alguna ilustre excepción como Warren Buffett, el mítico gestor de estilo *value*, que, simplemente, busca buenas compañías, que estén baratas.

El dinero, a grandes rasgos, está apostando, por las nuevas tecnologías, algo que tiene todo el sentido cuando lo que se busca es crecimiento y rentabilidad. Pero Europa se está quedando rezagada. En el viejo continente, no hay empresas potentes de inteligencia artificial. Incluso podría decirse que hay una parte de la sociedad que no es consciente de todos los cambios que se están produciendo en este terreno. Cambios importantes e irremediables llamados a cambiarnos la vida. El problema es cómo se reorienta a una gran parte de la comunidad social, que no puede quedarse descolgada en esta área.

Para ello, es preciso un proceso de innovación continua, apostando por tecnologías de vanguardia, que serán las que permitirán el desarrollo de productos y servicios futuros de valor, algo que ha sido marca de la casa en Factorenergia.

La IA permitirá un total acceso a la información para análisis más avanzados. Las empresas generan ingentes cantidades de datos y su correcto análisis les permitirá tomar las decisiones estratégicas no solo para impulsar el crecimiento y la rentabilidad, sino para la mejora de la experiencia del cliente.

Factor está volcado en ofrecer soluciones más rápidas, personalizadas y convenientes al cliente, a través de la IA.

Por supuesto, será la mejor herramienta para ese proceso de internacionalización y acceso a nuevos mercados. Las plataformas digitales, el comercio electrónico, la gestión de comunidades... serán constantes, a la hora de adaptarse a los cambios del mercado. La adaptación es siempre la clave de los que sobreviven, no la fortaleza, ni, mucho menos, el tamaño.

Decir que el futuro de las empresas pasa por la tecnología es una obviedad, pero también un compromiso al que hay que dedicarle inversión, esfuerzo, búsqueda de talento y, también, valentía.

Porque el avance tecnológico viene en muchas ocasiones acompañado de escepticismo. Ya se ha citado en este libro la aversión al cambio como algo inherente al ser humano y la tecnología es un claro impulsor de este. ¿Cómo reaccionaba mucha gente, cuando se les comentaba que la tarjeta de crédito se incrustaría en el teléfono o que internet se canalizaría a través del televisor? (Por citar algunos ejemplos). Con incredulidad y hostilidad.

El progreso es algo bueno, pero muchas veces saca de la zona de confort mental y se rechaza solo por eso.

La educación

La educación es un gran motivo de preocupación para Emili Rousaud, quien compaginó durante muchos años su actividad docente con la empresarial.

En Factorenergia ha sido una constante fichar personal joven, a los que se les pedía buen expediente académico y valores humanos. Pero Rousaud siempre ha dicho que el modelo educativo está empeorando en España. Se nota en el nivel cultural de los jóvenes. Desde la célebre EGB (Enseñanza General Básica), cada reforma ha sido un paso hacia atrás.

Lo notó él, cuando daba clases en la universidad y le entraban generaciones posteriores. Cuando llegaron alumnos de la ESO (Educación Secundaria Obligatoria), el bajón de nivel respecto a los de EGB fue palpable. En las universidades tocaba suavizar el listón, para no incurrir en un rosario de suspensos. Una historia triste, como lo es siempre el deterioro del conocimiento. La verdad hace libres y el conocimiento, mejores.

España es un país que no destaca en absoluto en los *rankings* de rendimiento escolar y ese escaso brillo académico es algo que no podemos permitirnos. Redunda en una menor cultura del esfuerzo. La verdadera libertad está en el conocimiento, no en la ignorancia, pero en estos tiempos multimedia, en los que todo está a tiro de clic y el sobre estímulo daña la capacidad de atención y aprendizaje, el nivel cultural de la juventud deja mucho que desear.

Eso redunda en una peor sociedad. Algo contra lo que lucha Factorenergia, en la medida de sus posibilidades y sin perder el foco del negocio.

La unidad de mercado

Este es un concepto quizá demasiado amplio, que contempla el marco común de actuación para la empresa. La vertebración de los estados, las sociedades y los mercados.

En lo que a empresa atañe, en Factorenergia son consciente de que a medio plazo llega una consolidación global, tanto en su sector como en la mayor parte de segmentos. Quién sabe si tarde o temprano algún gran coloso terminará absorbiéndolos, ya que los *players* son cada vez más grandes y globales.

Pero estamos en un mundo en el que lo viejo está muriendo, lo nuevo está naciendo, y esto se va a traducir en una transformación global. Como se ha apuntado antes, no liderará el más grande, ni siquiera el mejor, sino el que mejor se prepare para el cambio.

Sin olvidar que grandes actores del mercado, llamados a tener cada vez más protagonismo en este mundo cambiante (aunque a gestores de la vieja guardia como Warren Buffett los critiquen), serán los *private equities*. Estos vehículos inversores son instrumentos necesarios como palancas de crecimiento para las empresas. Les inyectan dinero para hacerlas crecer y luego venderlas a otra compañía o sacarlas a Bolsa. Son operadores del cambio.

El sector energético está llamado a experimentar esa gran remodelación estructural. Poco a poco, se irá concentrando, pero es muy importante aquí la función del supervisor, porque el oligopolio en el que estuvieron las grandes empresas gozó de muchas ayudas estatales para crecer. Como ya se ha dicho, una compañía construía una central de generación y le garantizaban los *cash flows* futuros. La connivencia e influencia con el poder era la tónica.

Hoy, los supervisores deben velar más que nunca por el nivel adecuado de competencia. Que no haya connivencia entre los distintos agentes.

Las grandes energéticas son enormes generadoras de caja y el poder político quiere tenerlas siempre cerca y, en la medida de lo posible, controladas. Es inherente a nuestra clase gobernante.

Pero lo cierto es que, mientras se reclama esa transparencia a los reguladores y supervisores, los estados, a su vez, vigilan sin el menor disimulo que no se pierda el control de los grandes líderes nacionales. Hace tiempo que han detectado que, pese a tener la sede en España, los verdaderos dueños de las energéticas y principales empresas son accionistas internacionales: desde BlackRock a fondos estado emiráticos. Así, estamos asistiendo a movimientos, de corte claramente proteccionista, mediante los que los Gobiernos aseguran el control de determinadas compañías, con el argumento de que son estratégicas. En los últimos tiempos, el estado ha tomado posiciones con fuerza en Indra, Telefónica; mientras supervisa las operaciones corporativas sobre Naturgy o incluso Talgo.

Hay una conciencia clara del valor de las grandes compañías y, desde muchos flancos, se busca influir para que no sean absorbidas por otras, con el consiguiente cambio de sede y de centro de decisión.

Entra aquí un término muy importante, que explica en gran medida el modelo político actual y la impunidad de la que gozan nuestros políticos, ajenos a toda consecuencia. Este término no es otro que el de la adhesión. Por desgracia, un enorme porcentaje de la población milita en una opción política y está adherido de manera visceral e inconsciente a un partido, de una manera muy similar a la que sigue a su equipo de fútbol. Haga lo que haga su formación y su líder, se le jalea, se le apoya y se le perdona todo. Lo más importante es combatir al oponente.

Al líder no se le cuestiona. El espíritu crítico se está perdiendo y está siendo reemplazado por pura adhesión. Entre otras razones para este movimiento irracional y tan generador de polarización, se puede señalar a la cultura digital en la que vivimos, que rebaja la capacidad de pensamiento crítico y lleva al extremo todas las situaciones.

Esta polarización que deriva en franco enfrentamiento social responde también a la pérdida de poder adquisitivo de la clase media en todas partes en el mundo occidental. En Cataluña puede verse reflejado en el auge del movimiento independentista o ácrata (CUP), en España con partidos extremos como Podemos o Vox o en Euskadi, en el ascenso de Bildu.

Esa cólera de las clases medias, posiblemente, es lo que llevó en Cataluña a convertir en mantra el «Madrid ens roba». Hay que encontrar un culpable, desde la adhesión incuestionable a los líderes que capitalizan la frustración de la clase media. Cataluña, gran contribuyente neto, señala al estado como gran culpable de su situación, ignorando que, ese mismo fenómeno se producía en la Alemania sometida a la austeridad rigurosa, en que sus clases medias entonaban el grito de: «El sur de Europa nos roba», por todas las rentas transferidas dentro de la

Unión Europea de los países ricos a los menos ricos del sur (a los que peyorativamente denominan PIGS), hasta el punto que, en Reino Unido, el *brexit* tuvo como base el mismo argumento, «la Unión Europea nos roba». Ello no es óbice para reconocer que Cataluña está infra financiada, que lo está, sin embargo, ello no debería poner en jaque el modelo de solidaridad interregional que tanta prosperidad nos ha traído a todos.

Otro apartado que ignora, casi por completo la sociedad, es que quienes han generado esta economía de la empresa que nos domina, que se dirige a un gran ganador por sector y colosos que valen *trillions* de dólares en Bolsa, son los bancos centrales (Reserva Federal, Banco Central Europeo...). Son quienes han inyectado en la economía billones (españoles) de dólares y euros.

Semejante inyección de liquidez, jamás vista antes de la crisis financiera de 2008, ha provocado una enorme inflación de activos, especialmente acciones. Ha sido la gran responsable de que comiencen a aflorar gigantescas corporaciones, de más de un *trillion* de valor bursátil, que comienzan a ser tan importantes o más que los Estados.

Semejante política monetaria ha causado más desigualdad, los propietarios de patrimonio se han hecho más ricos sin necesidad de hacer nada más que poseer los activos, lo que desde los estados se intenta paliar con políticas fiscales, que lo que hacen no es solo redistribuir la riqueza, sino también aumentar la deuda y, sobre todo, penalizar a la clase media.

La manguera de dinero que todos los bancos centrales (Reserva Federal, Banco Central Europeo, Banco de Inglaterra, Banco de Japón...) han implementado durante un par de lustros ha causado, entre otras cosas, esperpentos como los tipos de interés negativos, con los que se compraba deuda pública. Una deuda que se fue por debajo del 0 %, es decir, quien la suscribiera, en lugar de recibir un interés, debía pagarlo al estado emisor.

Los bancos comerciales también perdían dinero con su actividad ordinaria de tomar y prestar dinero y, en el colmo de la distopía, los bancos centrales se han dedicado a financiar a los estados, que no han hecho el menor esfuerzo por contener el gasto público. Al revés: si el emisor de moneda les compraba íntegramente la deuda pública, ¿para qué gestionar con cordura?

De repente, la inflación se ha desbocado. Ha tardado, pero está desbocada. Los organismos supervisores han abordado la mayor subida de tipos de interés jamás vista.

La desigualdad y la degradación de la clase media es una situación muy grave y de la que no se saldrá sin audacia, ideas nuevas y ganas de hacer las cosas bien. Como no se hará es friendo a impuestos a la economía.

Cómo debe ser un líder

El éxito no lo garantiza nadie. Además, depende en muchas ocasiones del momento adecuado. A veces hay un gran proyecto que llega antes de tiempo o en un contexto que no es el mejor. Cuando un emprendedor empieza su aventura, nadie da un duro por él, pero cuando la cosa va bien todo el mundo se deshace en felicitaciones. A continuación, llega el ejercicio de saber mantenerse. Eso significa vivir en un mundo en el que permanentemente hay que estar innovando, reinventándose, cambiando, haciendo cosas nuevas. Para Emili Rousaud, el líder es una persona que tiene visión sobre dónde hay que ir y dirige a toda la masa laboral como un equipo. Un líder es, básicamente, un visionario que sabe lo que hay que hacer para construir el futuro con garantías y teniendo, mientras, la mejor posición posible en el mercado.

Para ello no es preciso ser un gran un especialista, sino alguien que sepa, a partir de una variedad de datos e intuiciones, proyectar el futuro para decir dónde tiene que ir la organización. Está muy bien que un líder sea empático y carismático, pero lo primordial es que tenga visión y sea una persona recta que genere confianza. La organización no se mueve por mucho tirón que tenga el líder. En todo caso, ayudará a que le sigan, pero la visión de medio plazo es fundamental.

El líder debe gestionar la soledad, siempre inevitable, no solo por decidir, sino porque al final la figura de la autoridad siempre está sola. Es cierto que, en las alturas, el jefe puede estar rodeado de colaboradores e incluso aduladores, pero tiene que ser muy consciente de la responsabilidad que conlleva tomar una decisión.

Un líder bien rodeado, cuando tiene que tomar la decisión, pregunta a todo su equipo, pero siempre tiene presente que el riesgo que asume la persona que da el consejo es nulo. Dar consejos es muy fácil cuando las consecuencias no recaen en quien los da. En Factor, se escucha a todo el mundo, se reflexiona mucho, pero cuando se toma la decisión, está tomada.

Para su CEO, un buen directivo es el que se equivoca menos que la media. Creer que un directivo no comete errores nunca es una tontería. Y, desde luego, en la firma, a los grandes directivos no se les atribuyen características superiores, casi divinas, como ocurre en otras corporaciones, donde poco menos que se rinde culto al líder.

El problema es cuando las decisiones se toman en función del paquete retributivo, algo que puede considerarse la tónica en las empresas cotizadas en las que la directiva no es la propiedad. Este estilo de gestión tan habitual en grandes corporaciones está más encaminado a maximizar los ingresos a corto plazo de la cúpula y el consejo de administración que a la generación de valor a largo plazo para la compañía.

Estos presidentes deberán actuar muy apoyados por sus consejos de administración, que, al final, son quienes ponen o quitan al presidente. Evidentemente, ese presidente de gestión instrumentalizada en su beneficio cuidará mucho de que los consejeros sean lo más afines posibles, porque, al final, un consejo de administración es quien pone o quita al principal ejecutivo. Esto constituye una práctica cuestionable y generadora de problemas, porque se toman decisiones a corto plazo en detrimento del futuro. Un futuro en el que la actual directiva puede estar, o no. *Toma el dinero y corre*, se llamaba la película de Woody Allen y este título podría ser aplicado a esta gestión instrumentalizada, destinada a maximizar los recursos retributivos de la compañía por parte de su cúpula, sin pensar a medio plazo en la empresa.

Cuando el capital también está presente en el equipo de gestión no hay esas prácticas, porque son hacerse trampas al solitario: no tiene el menor sentido exprimir una empresa si se es dueño de ella misma. Si se esquilma, tendrá que asumir la merma. No podrá ser un ejecutivo que se va con las ganancias a otra parte y el que venga detrás, que se haga cargo.

Factorenergia ha vigilado siempre por la protección del capital y el patrimonio de la firma. Ha procurado siempre no dilapidar el dinero. Algunas voces críticas le han acusado de haber crecido demasiado lento. Pero lo ha hecho a un ritmo con el que ha podido autofinanciarse, sin incrementar la deuda y sin perder dinero.

En 2021, como se apuntó, se perdieron unos 4 millones de euros por fenómenos geopolíticos, pero dentro de una facturación superior a los 500 millones de euros, es decir, el impacto fue muy limitado. Pero hoy puede decirse que Factor es una empresa sin más deuda que la necesaria para financiar el capital de trabajo; el *working capital*, es decir, la financiación necesaria entre la compra de energía y la venta.

Una empresa debe dejar un legado

Ya es conocido el recorrido de esta compañía y el de su fundador, pero ambos tienen la intención de dejar un buen legado a la sociedad. El principal objetivo de una empresa es ganar dinero, por supuesto. Es la principal señal de éxito y lo que anima al empresario a asumir riesgos. Pero también hay más cosas. Factorenergia quiere dejar constancia de sus valores, algo que ha intentado reflejar constantemente en su gestión empresarial.

No está en las intenciones fundacionales del grupo la venta total a un gran fondo de inversión u otra compañía del sector, para irse los accionistas con las ganancias a otra parte, o lograr una salida a Bolsa sobrevalorada, que suponga, por encima de todo, una enorme inyección de dinero a sus fundadores. Factor tiene una visión de legado y posteridad.

Algo que parece que no existe o no tiene un gran protagonismo en el tejido empresarial de hoy en día, pero que es una pequeña obsesión de su fundador. Factor quiere recorrer el camino de la excelencia, alcanzar el respeto empresarial y el prestigio social.

Para esta empresa tiene una vital importancia pensar en las generaciones futuras. Sin perder de vista la idea de ganar dinero, basada en la adecuada gestión, Factorenergia intenta ser un actor importante en la sociedad. Con sus clientes, su plantilla y las familias de todos ellos.

Emili Rousaud defiende la fortaleza de una institución como la familia, que ha permitido, por ejemplo, superar las crisis de 2008 o la del COVID, gracias a los valores familiares, que han constituido un auténtico anillo de seguridad para el individuo. El viejo concepto de familia como base de la sociedad.

Y, hablando de sociedad, también ha dejado su impronta en ella. Cuando estalló la pandemia y se produjo un enorme *shock* demanda, el precio del mercado se hundió. El mundo entero se paró, en un movimiento nunca visto y esperemos que irrepetible. La sociedad se adentró en un terreno desconocido, donde los que podían, debían intentar trabajar desde su casa, sin el menor contacto con el exterior. El teletrabajo eclosionaba.

Fue un experimento que ha cristalizado, con cambios que llegaron para quedarse. El teletrabajo era algo que solo las grandes corporaciones de base tecnológica implementaban, como elemento de captación de talento y conciliación. Sin embargo, constituía algo lejano para muchas otras empresas, no solo pymes. Trabajar un día en casa parecía una manera de fumarse un día laboral, sobre todo, si era un viernes o un lunes. Un pequeño chollo, un elemento de disfrute más que otra cosa. En su día, también hubo compañías que miraron con desconfianza a internet, como algo irrelevante y solo útil para que la plantilla se despistara.

Hoy, el teletrabajo está totalmente implementado. Se ha extendido totalmente. Incluso no son pocas las firmas que han dejado de contar con oficinas físicas, o las han reducido enormemente. Las empresas tienen claro que lo importante es la conectividad y si con ella puede mejorarse la calidad de vida de la plantilla, la productividad de la firma no se verá afectada. Al contrario.

Factorenergia lanzó esos días la tarifa Quédate en casa, con un enorme descuento. Se publicitó a través de la radio, principalmente. La idea se gestó en la mente de su CEO, que había autorizado el mes de febrero del 2020, cuando ya se escuchaban noticias alarmantes procedentes de China, la compra de casi 500 ordenadores portátiles HP.

Esos aparatos iban a permitir a los empleados operar en remoto. «¿Se va a poder trabajar en casa como si se estuviera en la oficina?», preguntó en varias ocasiones a su personal de sistemas. La respuesta fue categórica: «Sí».

Con esta acertada adquisición, los resultados fueron espectaculares. Se pudo, incluso, realizar la atención telefónica sin el menor problema, con todos los teleoperadores en sus casas.

El lanzamiento de esta tarifa se tradujo en 25 000 nuevos clientes residenciales, sin un solo vendedor propio en la calle, que había sido hasta el momento la fuente habitual de generación de clientes.

La compañía quiere tener su papel entre su plantilla, sus clientes y la gente en general. No ser un mero conglomerado financiero, con un equipo gestor que enfoca su actividad a obtener el retorno más lucrativo posible. Factor llegó para participar en una liberalización del sector que redunde en un mejor y más barato precio de la electricidad.

También, ha sido un partícipe destacado en el lanzamiento de nuevos productos, con mención especial a la tarifa libre indexada a *pool*. Luego, llegaron la internacionalización, pero también la entrada en la generación energética renovable. Factor quiere ser un operador industrial, lo cual equivale a decir uno de los que tiran realmente de la economía. No solo será generadora de electricidad, lo quiere ser, cada vez más, de PIB.

Apostó por la promoción de talento. Una de las mayores satisfacciones de haber generado su propia línea directiva, sin necesidad de fichajes rimbombantes y, aunque una no despreciable parte de la plantilla ha sido captada por la competencia u otros sectores, gracias a fuertes ofertas económicas, en Factor están satisfechos al ser identificados como un polo de generación de talento gestor. Si les fichan tanto, por algo será.

Un talento que busca promocionar a buenos profesionales y a buenas personas, otro de los valores que promulga la firma.

Por encima de todo, tiene una visión global de la energía, marcada por una transición energética hacia energías limpias, abundantes, baratas y distribuidas, que supongan una contribución decidida a la reindustrialización y a una real democratización de la energía. Gracias a la inversión en renovables, la generación eólica y solar no solo es más importante que nunca, sino que ahora la electricidad es más barata de día que de noche.

Porque el cambio climático es otra de las preocupaciones en la compañía. Factor está poco menos que obsesionada por contribuir a un mundo más limpio, con menos agresiones a la atmósfera y unas poblaciones más limpias. Son impulsores de la transición energética.

La lucha contra el cambio climático es una ambición fundacional y esa ha sido la clave de su crecimiento. Inicialmente no se valoraba el compromiso con energía verde, ha sido el eje de su operativa y muchos de los 250 000 clientes de hoy le otorgan un gran valor a ese compromiso. La energía de Factor es verde y está certificada.

Emili Rousaud está convencido de que el cambio climático afectará muy especialmente a todos los países del Mediterráneo, con España como uno de los países seriamente afectados y por eso ha volcado a su empresa en una lucha contra el mismo. Un compromiso en toda regla.

Contribuir a un mundo más limpio y sostenible debe ser una de las enseñas de las empresas del sector energético. Este reto lo tienen muy claro en Factor, que no duda en señalar la transición a energías limpias y la electrificación, como uno de los caminos para tener ciudades más limpias, con mejor aire, menos emisiones a la atmósfera y, por tanto, menos agresivas con el calentamiento global.

Esto, a su vez, deberá influir positivamente en el ciclo del agua, tan presionado por las sequías, y con una amenaza de desertificación que es especialmente acusada en España. Hoy, hemos visto como unas regiones tradicionalmente húmedas como Cataluña o Valencia, han sufrido una devastadora sequía, más propia de una zona desértica que de una poblada de montañas.

Esperemos que estos sucesos sean accidentes, no hayan llegado poco menos que para quedarse, pero el trabajo para revertirlos debería haber comenzado hace tiempo. Factorenergia ya llevaba este compromiso verde en sus venas, nada más nacer.

Es una compañía plenamente del siglo XXI. Jamás ha considerado tomar posiciones en segmentos de generación agresivos con el medioambiente, como las térmicas de combustibles fósiles, más rápidos y, en su momento, baratos. La apuesta renovable ha sido decidida desde el principio.

A sus 25 años, tras una larga andadura, ha logrado demostrar que es una empresa del siglo XXI y que esta industria de la energía, tan compleja e importante, sí es para ellos.

Liberalizar es una guerra que luchan pocos para beneficiar a todos

La liberalización de mercados es un concepto que no tiene excesivo *glamour* entre la opinión pública y que, además, está siendo duramente atacado en los últimos años desde los flancos políticos, donde las recientes crisis (básicamente, la financiera de 2008 que sigue lejos de estar resuelta) han arrojado a mucha población en brazos del proteccionismo estatal, cuando no del clarísimo populismo.

De nuevo, se acude al estado como solución, a pesar de que está más que demostrado que la administración pública no es, en general, el actor más eficiente para abordar el progreso de la sociedad. Como un círculo vicioso, además, el deterioro de condiciones sufrido en los años previos se ha traducido en la emergencia de políticos sin suficiente preparación académica, ni muchísimo menos, experiencia en la vida laboral o empresarial. Lo cual, evidentemente, acentúa el deterioro.

Pero esto es algo que deberá cambiar tarde o temprano, especialmente si se desea mantener el bienestar de hace no tanto tiempo, que nunca serán otorgadas por lo público, sino por una economía floreciente, es decir, próspera.

Entra aquí, sin duda, la liberalización, un proceso que en España no está finiquitado, aunque pueda parecer lo contrario. Sigue habiendo muchas trabas, burocracias, ineficiencias, problemas e inseguridad jurídica. Muchos de estos obstáculos llegan por el intervencionismo mal enfocado del estado. Por ejemplo, es preciso insistir en el lentísimo discurrir de la Justicia, algo básico para las relaciones sociales y económicas, que impide el libre desarrollo de los mercados y la sana competencia, por no hablar de que es una de las bases de la democracia, al constituir una de las tres partes de la separación de poderes.

Un proceso liberalizador nunca es sencillo. En plena fase privatizadora del PP, el ministro de Economía, Rodrigo Rato, comentaba a los periodistas, en rueda de prensa, que continuamente encontraba reticencias entre las grandes corporaciones a la hora a abrir los mercados: «El mensaje que nos encontramos siempre es el mismo: liberalice a los demás, pero no me liberalice a mí». Otro viejo economista, cuyo nombre omito porque ya falleció, afirmaba a este respecto que «en España, das una patada y aparece un monopolio».

Facilitar la llegada de la competencia a los mercados nace de un proceso legislativo, pero a partir de entonces, hay que recorrer un camino y pelear el día a día. No se legisla y en el acto se expande la eficiencia. Si uno se fija en la telefonía, por ejemplo, primero hubo un operador alternativo, luego irrumpieron más...; el cambio de compañía era complicadísimo y la competencia real en precios tardó mucho en llegar. ¿O nadie recuerda qué facturas de móvil se pagaban a principios de siglo, cuando se cobraba hasta por cada sms enviado? Entonces, si se había empleado en exceso el teléfono, se aguardaba la factura con los dedos cruzados, para ver qué cifra disparatada llegaba. Hoy, se ofrecen voz y datos ilimitados con una tarifa plana muy baja. Hay conectividad global casi sin costes.

Factorenergia comenzó a pelear el camino de la liberalización energética con algunas ideas fijas: ahorro de precios para el cliente, transparencia en la relación comercial y lucha contra el cambio climático. La andadura fue complicada desde los primeros pasos, esos en los que les dijeron: «Esto no está pensado para vosotros».

A continuación, las grandes empresas no le facilitaron el *switching*, de la misma manera que en telefonía cambiar de operador era poco menos que un drama. Después, sufrió cuestiones ajenas de sus accionistas: Iberdrola entró, seducida por el carácter innovador de este grupo de nuevo cuño, pero el experimento no funcionó, precisamente, porque adolecía de la agilidad necesaria. No es exagerado decir que involuntariamente frenó a su participada. Incluso Copcisa, accionista mayoritario en los primeros tiempos, puso en problemas a Factor. La crisis inmobiliaria estuvo a punto de arrastrar a una empresa eléctrica cuyo único delito era ser pequeña, es decir, no era *too big to fail*.

Hoy, el mercado eléctrico puede presumir de que ya es una realidad la opción de escoger suministrador, y exigir luz barata y renovable. La oportunidad que tanto necesita España está sobre la mesa ya. No es un futurible: está aquí.

Quien quiera entrar a vender electricidad, puede hacerlo, sin que vaya a extrañarle a nadie ni sufra obstáculos indebidos. Pero, si esto es así, es porque otros, antes, allanaron el camino. Pelearon casi en solitario, para hacer un mercado mejor. Ahora mismo, España tiene un entorno eléctrico que constituye una oportunidad histórica.

¿Seremos capaces de aprovecharla? Dependerá de nuestros políticos, que, quizá, en lugar de ver una opción de estímulo para el crecimiento, solo vislumbren en las nuevas capacidades de generación una vía para incrementar la recaudación fiscal.

Por no hablar de los grandes *lobbies*, siempre tendentes a defender sus propios intereses antes que el bien común. Estos grupos, formados por grandes *players* energéticos, saben jugar perfectamente con las variables del mercado, logrando precios de un mercado teóricamente libre en su favor.

Todo ello, a pesar de que está demostrado que ni los impuestos bajos ni los precios competitivos son incompatibles con buenas cotas de recaudación o ingresos muy elevados. Ni mucho menos.

Ya estamos en el escenario previsto de energía abundante, renovable y barata, esta debe ser la clave para que se reindustrialice la economía, se impulse el crecimiento y, con ello, el bienestar social en forma de empleo de calidad y buenos salarios. Algo que nos beneficiaría a todos, sin excepción.

Epílogo

El jueves 18 de julio de 2024 organizamos un fiestón para celebrar el vigésimo quinto aniversario de la compañía. Fuimos más de mil doscientos participantes. Me sentí muy orgulloso de los más de quinientos invitados vinculados a la plantilla y muy honrado de que asistiese el ministro de Industria, Sr. Jordi Hereu; los *presidents* de la Generalitat, los *molt honorables* Sr. Jordi Pujol y Artur Mas; el alcalde Sr. Xavier Trias y otras personalidades de la política y de la sociedad civil. Agradecí la carta y llamada del *president*, el *molt honorable* Sr. José Montilla, excusando su asistencia y proponiendo un encuentro ulterior. Todo, sabiendo que en unos pocos meses haríamos otro evento de celebración en Madrid con otra nutrida representación institucional, donde nacería este libro.

Mientras escribo este epílogo, me encuentro en el interior de un avión con destino a Latinoamérica, donde visitaré filiales, me reuniré con posibles *partners* y, de vuelta, pasaré por Miami para reunirme con un par de expertos y explorar oportunidades en Estados Unidos. Escribir este epílogo me relaja y me permite distraer mi mente mientras las once horas de vuelo van transcurriendo.

En las entrevistas con Manuel que han dado lugar al grueso del libro, me he centrado en procurar que la historia hilvanada, lo que hoy llaman «el relato», no sea nada grandilocuente, no alimente mi ego, ni construya una imagen de superhombre hecho a sí mismo, que, en general, a todos nos gusta pero que casi nunca —por no decir nunca— responde a la verdad.

En un corte para la radio la noche del evento afirmé que «a veces los sueños se hacen realidad», pero esas palabras no eran del todo ciertas porque he tenido mucho (no solo a veces) más éxito en la vida del que yo jamás soñé.

Sinceramente, no fui un buen estudiante en la escuela hasta que en octavo curso de EGB (con 14 años) falleció mi madre y ese trance tan doloroso me hizo madurar, empecé a estudiar y descubrí que podía ser un buen alumno. Saqué una buena nota de selectividad y recuerdo que mi profesor de Biología, el día que acudí al colegio a conocer la nota, me entregó en mano los papeles para inscribirme en esa facultad.

Ese no era mi sueño, era otro, y se debe a que en mi familia ha habido tres referentes que han forjado mi carácter y mis valores.

El primero es mi padre, al que siempre admiré por la solidez de sus valores, pertinaz resiliencia y determinación. Era ingeniero industrial y empezó su carrera en Motor Ibérica, para fichar, a continuación, por el fabricante francés de faros de automóvil Cibié (luego Valeo Iluminación). A finales de los setenta, había emprendido y creado, junto a otros socios, una empresa que fabricaba cinturones de seguridad retráctiles. La empresa fue un gran éxito durante un tiempo, pero, al parecer, la industria automovilística ideó tecnologías retráctiles alternativas y llevaron a la firma a la quiebra (cesaron los pedidos repentinamente). Tras eso, mi padre siguió desarrollando su carrera de alto directivo en Valeo Iluminación, donde acabaría jubilándose.

El otro gran referente era mi tía bisabuela Montserrat Rousaud Almar, una mujer que quedó soltera por los avatares de la guerra (que pasaron en la Cerdaña francesa, en Montlluís (Mont-Louis) aprovechando la doble nacionalidad). Mientras su sobrino, mi abuelo Lucien Rousaud Moll, se iba al frente, del que, por suerte, regresó, mi tía Montserrat, acompañada de su madre y de sus hermanas, Adelina y Lola, pasaron graves penurias económicas durante su estancia en suelo francés. En su desesperación contactaron con su tío, un famoso escultor francés discípulo de Auguste Rodin, llamado Aristide Rousaud, pero al parecer el tío Aristide era un bohemio mujeriego, poco dado a la ayuda humanitaria. Así que mis piadosas tías, que eran de misa diaria, se encomendaron al Altísimo y este las ayudó, pues al parecer les tocó, literalmente, la lotería en Francia y pudieron gozar de una situación económica más estable. Tras la contienda y en plena posguerra, mi tía Montserrat, que tenía un talento innato para el diseño de modas, adquirió un pequeño taller de alta costura llamado Nelly, al que hizo crecer, abriendo tiendas en la vía Layetana de Barcelona y en la calle Serrano en Madrid. En los cincuenta y sesenta, las clases pudientes de ambas ciudades vestían en Nelly a sus hijas. De hecho, la hija del general Franco era una clienta asidua.

Mi tercer gran referente era mi abuelo Joan Parés Vilahur, médico radiólogo oriundo de Figueres, que, para cursar sus estudios de radiología en los años veinte del pasado siglo, debió aprender alemán al efecto de estudiar los libros de radiología que en aquella época no se editaban en español, pero Alemania era la referencia mundial en la materia. De hecho, tras casarse con mi abuela, su viaje de bodas fue a Múnich, dado que a mi abuelo le hacía ilusión poder oír y utilizar el idioma que había aprendido de forma autodidacta con libros de gramática y un diccionario. Me contaba que había llegado a Múnich el día siguiente de la gran concentración nazi promovida por el Führer. Durante la guerra civil, mi abuelo cayó en el bando republicano, pero era, ante todo, un buen cristiano y cumplía el juramento hipocrático a rajatabla: trataba a todos los enfermos con independencia de su uniforme. Acabada la guerra, sufrió un consejo de guerra debido a que ostentaba un rango militar preeminente, como todos los médicos. Sin embargo, el testimonio de ciertos pacientes del bando nacional y el hecho, sin duda, de ser doctor en Medicina en un tiempo de escasez de universitarios le ayudó, si bien, el tribunal militar, indignado por el hecho cierto de que sus hijas —mi madre y mi tía— solo hablasen catalán, le conminó a que ingresaran ambas en la sección femenina de la Falange. De mi abuelo, siempre admiré su humanidad, su extensa cultura —era un lector voraz— y su vocación innata de ayudar a los demás.

En mi familia convivían en total armonía los filofranquistas con los antifascistas, de hecho, cuando murió el dictador, media familia lloraba y la otra brindaba con cava alegremente. Tardé tiempo en entender las razones de una conducta tan dispar. Una tarde, con 13 años, hablando con mi abuelo de sus ideas sobre Catalunya, él me miró fijamente y me dijo: «Esto no es importante, yo he vivido los horrores de la guerra y lo más importante es el bienestar de las personas». Es una frase que nunca he olvidado.

Estos tres referentes han forjado mi carácter: sin ego, pero con autoestima. La fe infinita de mi abuelo en las personas, la visión empresarial de mi tía bisabuela y la resiliencia de mi padre ante la adversidad, me han inspirado siempre.

Durante la carrera en Esade, era un alumno del montón. No empecé demasiado bien, dado que mi nivel en determinadas materias, como las matemáticas, era más bien bajo (el colegio Alpe no se distinguía por la excelencia académica), aunque fui mejorando hasta el punto de que mis notas en los últimos años de carrera eran notablemente altas.

Hace un tiempo leí una contra de *La Vanguardia* en la que una neurocientífica estadounidense, profesora en Columbia; llamada Sheena Iyengar, afirmaba en el titular que «las chicas adivinan qué chico de 20 años será alguien a los 40». Explicaba que, en las facultades, los géneros tienen criterios de selección diferentes. Así, mientras los hombres valoran más el atractivo físico, las mujeres seleccionaban en función del estatus que un sexto sentido les hacía prever que su compañero de curso iba a tener en la vida. Pues bien, es evidente que conmigo no funcionó el sexto sentido, como tampoco los otros cinco, en cuanto a que alguna compañera de carrera se fijara en mí. De hecho, me gustaba mucho una alumna a la que jamás dirigí la palabra, entre otras razones, porque creo que nunca reparó en mi existencia, o quizá sí, porque en un viaje de fin de curso a Canarias me pareció que me hizo una foto (aunque, en realidad, creo que fue pura ilusión de mi subconsciente). Lo cierto es que he recuperado el citado artículo en el que la profesora afirma que «las mujeres valoran las buenas notas, la inteligencia, las habilidades sociales y la ambición» y he caído en la cuenta de que, dejando de lado lo mencionado respecto a las calificaciones, ser muy tímido implica pocas habilidades sociales y mucha dificultad para conocer al prójimo, lo que dificulta en todo caso valorar la inteligencia (es imposible identificar al necio que no habla). En lo personal, siempre compito contra mí mismo, nunca contra los demás, ni envidio, ni guardo nunca rencor, en definitiva, creo que no soy ambicioso. Por tanto, era lógico que mis compañeras de carrera me ignoraran, al menos como posible pareja. Debo reconocer que asumir el reto de ser profesor asociado en la universidad pública Pompeu Fabra durante 17 años, debiendo hablar en público, me ayudó a vencer en parte mi timidez y a desarrollar habilidades sociales.

Así, mi promoción de Esade (1990) ha dado nombres de relumbre como el financiero Enrique Tombas (presidente de Suma Capital), Ferran Soriano (director general del City y uno de los protagonistas del mejor Barça de la historia), Fernando Trias de Bes (escritor de éxito y fino analista de la realidad económica y empresarial); altos ejecutivos como Jaume Massana (Caixabank), Silvia Parés (PWC), Antoni Grau (Cirsa), Josele Marcó (Seeliger & Conde), Joan Oller (Palau de la Música) y un largo etcétera que hace que, quizá, hayamos sido una de las promociones más brillantes del antiguo campus de Pedralbes.

Ahora estamos toda la promoción en la última recta de nuestra vida laboral, de hecho, algunos de ellos están ya jubilados, con lo que se puede mirar hacia atrás y valorar lo que cada uno ha hecho en este periplo vital, en que, sin duda, el camino es más importante que las metas.

Yo, cuando miro hacia el pasado, no puedo evitar sorprenderme de la gran suerte que he tenido, porque, al final, las circunstancias son las que me han llevado donde estoy. Una serie de hechos ha guiado mi destino, cosas que, en principio, se podrían haber valorado como negativas, pero que tuvieron el efecto contrario. Al acabar el servicio militar y desaparecer la promesa de contratación de la auditoría de Price Waterhouse, acabé trabajando en el empleo temporal que asumí durante la mili, llegando muy joven al puesto de director financiero y preguntarme: y, ahora, ¿qué? Rechazar la oferta de McKinsey para trabajar en Argentina me espoleó a crear algo propio. Que mi hermano Román me contase un tema de ahorro energético y me presentase a José María Giménez Tresaco, quien nos explicó que se había promulgado la ley de liberalización del mercado eléctrico fue determinante. Que acabase de hacer un máster en Asesoría y Gestión Tributaria, me facilitó mucho hallar la ley, leerla e interpretarla. Que fuéramos los pioneros del mercado eléctrico, obteniendo la primera licencia otorgada a una compañía independiente no preexistente, fue clave. Que me inventase un *business plan* de un negocio que no conocía y saliera a presentarlo, como si tal cosa, fue un gran atrevimiento. Suerte que tampoco ninguno de nuestros interlocutores lo conocía. Que fijase la fecha de mi cumpleaños como ultimátum para una oferta vinculante fue una veleidad que salió bien.

En definitiva, que un cúmulo de circunstancias personales y de entorno fueron las que nos llevaron a emprender y fundar Factor Energía, SA (originalmente llamada Energy Factory Group, SL).

El ser pioneros no solo implica ventajas, por cuanto entras en un mercado inmaduro con enormes oportunidades, sino también grandes desventajas. Al principio, era muy difícil. Al captar un cliente nuevo nos obligaban a comprar y cambiar el contador. Materializar el *swiching* o alta era tan complejo que en muchos casos nos resultaba imposible tramitar el alta: según la ley, el plazo era de 15 días desde la fecha de solicitud, o bien un mes por ciclo de lectura. Para dar de alta a la propia compañía en el punto de suministro tardábamos más de 8 meses y eso después de interponer una demanda contra Endesa Distribución por abuso de posición de dominio en el mercado. Hemos abierto mucho camino a todos los que han venido después, a muchos los veo casi como nuestros descendientes.

Así, por ejemplo, en las presentaciones a potenciales inversores, acudí a la asociación de pequeños distribuidores eléctricos Aseme. Les presenté todo el proyecto empresarial; acordaron decirnos algo, pero nunca más se supo. Al cabo de dos años, las pequeñas distribuidoras fundaban la comercializadora Nexus Energía. La directora comercial de Nexus, durante casi 10 años, fue Carlota Pi, que más tarde fundó, con los conocimientos adquiridos, Holaluz.

En el año 2010, me hallaba en el trance de cambiar de accionista dada la delicada situación de Copcisa por la terrible crisis económico-financiera que atravesábamos desde el segundo semestre de 2007, agravada con la caída de Lehman Brothers. En aquel momento, había contratado a Roca Junyent Consultoría para la búsqueda de un accionista de sustitución. Sobre la mesa tenía tres alternativas: el fondo JZ International, Orior (una patrimonial del Sr. Fajula, que hacía poco había vendido Aca a Bureau Veritas) y un fondo de inversión regido por un inglés, pero con sede en Madrid. Por razones de afinidad personal me incliné por la propuesta de JZI. El Sr. Fajula no aceptó nuestra decisión y fundó Audax, haciendo dos jugadas que nos dañaron: en primer lugar, averiguó qué empresa habíamos contratado para el desarrollo del *software* de gestión de la energía (todo hecho a medida) y después fichó a nuestra directora comercial (que además, tras su marcha, descubrimos que nos había sustraído dinero, hecho que confesó en sede judicial). El Audax de Fajula no funcionaba porque tener los sistemas y la responsable de ventas no es garantía suficiente para gestionar un negocio. Al mismo tiempo, José Barrios (hoy José Elías) tenía una comercializadora, Orus Energía, a punto de ser inhabilitada por no cumplir obligaciones esenciales. Así fue como

José Elías adquirió Audax y traspasó todos los clientes que pudo desde Orus. Allí, se encontró nuestros sistemas que sí supo utilizar, dado que, en este caso, conocía el sector eléctrico. Nosotros rompimos con la empresa externa de *software* que había contratado con Audax ocultándonoslo, pactando la incorporación en plantilla de los principales programadores que trabajaban para nosotros.

También, hemos estado en los primeros momentos de Som Energía o de Fenie, cuando nos venían a visitar para que les ayudáramos a entender el mercado.

El caso de Fenie es digno de análisis porque, aparte de ser una federación de instaladores, su principal vector de crecimiento en el arranque de su actividad eran las altas nuevas (nuevos suministros), lo que implica que sus asociados utilizaban la condición de puntos de servicio de las distribuidoras para tramitar el alta o el cambio del cliente a Fenie, hecho que podría ser claramente interpretado como una vulneración de la separación jurídica de actividades consagrada por la ley así como la explotación de una ventaja competitiva derivada de un monopolio como es la exclusividad de los puntos de servicio para tramitar las altas. De hecho, podrían ser considerados una extensión de las propias distribuidoras. Aunque esta interpretación difiere de la del supervisor (CNE/CNMC), puesto que no ha observado vulneración alguna de las buenas prácticas competitivas.

Volviendo a los orígenes, hay un dicho atribuido a Churchill que reza: «Si quieres ir rápido, viaja solo, pero si quieres llegar lejos, viaja acompañado». En las empresas, eso es muy cierto, porque, al final, no tienen una realidad física, son un constructo mental y un concepto jurídico que les otorga personalidad, existencia y sujeto de derechos y obligaciones. Es evidente que si un extraterrestre nos visitara podría extraer muestras de muchas cosas físicas: materias primas, sustancias biológicas, ejemplares animales o vegetales, computadores, móviles, edificios, obras de arte... Pero no empresas. No existen en el mundo físico más que como organizaciones de personas que llevan a cabo tareas con unas finalidades específicas.

Esta obviedad la pongo de manifiesto para poner en valor a todo el equipo humano que conforma Factorenergia, que tiene en gran parte su génesis en el período de crisis económico-financiera. En 2004, entró como accionista de referencia Iberdrola, una compañía magnífica y admirable, pero en su enorme magnitud engulló las características diferenciales que habían detectado en Factorenergia: la innovación y la agilidad. En 2007, recuperamos el control los accionistas originales, pero habíamos perdido mucho capital humano.

En ese período con un mercado laboral absolutamente deprimido, en que recién licenciados de las mejores carreras técnicas y con magníficos expedientes académicos no hallaban oportunidades en el mercado laboral, pudimos incorporar mucho talento joven, a los que aseguraba que algún día serían directivos de la compañía, dado que crecería mucho. También, incorporamos talento experimentado, buenos profesionales, víctimas de reducciones de plantilla derivadas de la crisis. Al final, el equipo incorporado durante el período 2007-2012, ha sido el andamio y el motor sobre el que se ha construido la compañía.

Estimado lector, debo decirle que este no es un libro de autoayuda para ser empresario, tampoco el relato de ningún superhombre, sino la historia de un emprendimiento, de quemar las naves para construir un sueño, de la importancia de los valores y lo esencial que es contar con un equipo de buena gente talentosa y comprometida.

A fuerza de ser sincero, el éxito también se enmarca en un período temporal, hoy estás arriba y mañana puedes estar abajo, conviene no olvidarlo, pero vale la pena disfrutar de los buenos momentos. La vida es una concatenación de momentos y es finita, por tanto, sin olvidar que todo es efímero, disfrutemos el momento.

Hace poco leí un artículo de John Carlin en *La Vanguardia* titulado «El secreto del éxito en la vida», en el que me vi reflejado: en un destacado del mismo se resalta que «Los que destacan más no suelen ser los más listos del cole», y en otro afirma: «La energía es la clave». El término *energía* interprétese como pasión, tenacidad, firmeza, perseverancia, resiliencia...; en definitiva, hay que tener fe y de ella emana todo.

Este libro se ha hecho con motivo del 25 aniversario de Factorenergia. Son muchos años y no sé qué ocurrirá en el futuro, lo que es seguro es que no seré ya el CEO en el 50 aniversario —si llega—, pero sí que Factorenergia tiene un buen equipo de presente y de futuro.

Espero que el libro les haya resultado una lectura agradable, no hay mayor pretensión y si, además, ha generado en el lector alguna reflexión interesante o despertado alguna inquietud, me alegrará mucho.

Gracias.

Emili Rousaud
Fundador y CEO de Factorenergia

Ilustres invitados en un libro de emprendimiento

Factorenergia, liderazgo y retos de país: una visión desde fuera

Esta obra glosa la trayectoria de Factorenergia, con especial énfasis en la figura de su fundador y CEO, como no puede ser de otra manera, ya que, sin él, la compañía jamás habría existido.

Después de la parte central del libro, participa una serie de personalidades relevantes del mundo de la empresa, tanto en el área privada como institucional, también muy vinculadas con Barcelona, ciudad donde Factor tiene su sede social y con la que su fundador tiene su nexo vital. Porque puede decirse sin equivocarse que la liberalización del sector eléctrico comenzó a dar sus pasos desde la Ciudad Condal.

A todos se les facilitó un cuestionario para guiar la reflexión en torno a temáticas clave como son: el peso de las pymes y sus desafíos, la figura del emprendedor y cómo crear un entorno favorable para su proyección, la transición energética en España y los retos a abordar. Y, cómo no, el papel de Factorenergia como agente dinamizador de este proceso ineludible, además de repasar la aportación de una compañía que en 1999 fue disruptiva y pionera, abriendo camino a muchas otras en la liberalización del mercado eléctrico español.

Las personalidades invitadas son:

Juan José Brugera. Fue el director de la tesina de licenciatura sobre marketing bancario, que Emili Rousaud cursó en Esade. En la escuela de negocios, ejerció como profesor asociado, impartiendo la asignatura de Gestión de empresas bancarias, dentro de la licenciatura de Administración y Dirección de Empresas (1980-1993).

Brugera es el actual presidente de Inmobiliaria Colonial. Su currículum recoge una enorme experiencia financiera, con experiencia en los años setenta en el Banco Atlántico y Banco Sabadell, donde llegó a ser subdirector general. También fue consejero delegado del Sindicato de Banqueros de Barcelona (SindiBank).

Participó en la creación del Puerto Olímpico de Barcelona, nueva infraestructura para los Juegos Olímpicos de 1992 y presidió el Círculo de Economía entre 2016 y 2019.

Su análisis sobre el recorrido de la empresa, especialmente cuando se trata de una promovida por un alumno suyo, es más que pertinente. Brugera es una figura por la que Rousaud tiene un enorme aprecio y reconocimiento intelectual, como se tiene siempre por quien te enseña y guía.

Antoni Cañete, presidente de PIMEC, es otra referencia obligada. Un colaborador, un apoyo y un amigo.

Antoni Cañete ha defendido a capa y espada la importancia de la pyme en España y Cataluña, insistiendo en su defensa desde las altas instituciones, a las que reclama un compromiso firme en la lucha contra la morosidad, todo un caballo de batalla para PIMEC. Con una visión más que coincidente con esta obra, pide a los políticos europeos que legislen «pensando en pequeño, para hacer cosas grandes».

Factor es una compañía que puede ser considerada mediana, tanto por cifra de empleados como facturación. Pero su fundador siempre recordará que empezó de cero y con el grueso de la industria (empresas y regulación) mirándole con ojos hostiles.

La presencia de la compañía en PIMEC ha sido reflejo del convencimiento de Emili Rousaud de que la empresa, independientemente de su tamaño o accionistas, debe contribuir a una mejor sociedad. Pero, a su vez, defiende con insistencia que existan mecanismos de defensa y apoyo para la pyme. PIMEC es el mejor ejemplo.

Merçè Conesa fue alcaldesa de Sant Cugat, presidenta del Puerto de Barcelona y es la directora general de Barcelona Global, además contar con máster en Esade. Barcelona es un fuerte lazo de unión que no podía faltar en esta obra.

Factornergía está presente con fuerza en varios países (Portugal, Bulgaria, México y Chile), mientras explora activamente otras plazas. Poseedora de importantes oficinas en Madrid, se ha desplegado en toda España. Conesa ofrece su visión del grupo, desde el punto de vista de la aportación mutua que pueden hacerse una pionera en la liberalización y la transición energética y una auténtica *smart city*.

No olvidemos que en la empresa energética apuestan por una reindustrialización de la economía, gracias a la oportunidad histórica que están proporcionando las energías renovables. Barcelona debe ser una de las grandes beneficiadas, pero toda España puede engancharse a este proceso.

Jaume Guardiola es el presidente del Cercle de Economía, una institución privada que goza de un enorme prestigio, entre otras cosas, por sus análisis y no depender de lo público. La talla de sus presidentes ha sido siempre de gran calado y, de hecho, sus elecciones y las candidaturas que se presentan son asuntos que suscitan una enorme expectación en los círculos de decisión catalanes. Es preciso señalar, sin embargo, que las opiniones del Cercle tienen un alcance absolutamente total en el territorio español y que la institución cuenta con socios no catalanes.

Guardiola presenta una extensa labor como banquero (en Sabadell, pero también en BBVA, donde era el principal responsable de México), pero posee, además, tres grandes coincidencias con Emili Rousaud: su preocupación por la empresa, los estudios en Esade, y el Barça, donde el *president* del Cercle se responsabilizó de la Comisión Económica Estratégica durante unos meses.

Una figura de indiscutible prestigio en las élites económicas y bancarias, con enorme experiencia tanto en el mercado doméstico como en México, donde Factor opera desde hace tiempo y es, tal vez, el mercado de mayor potencial.

Josep Santacreu es el presidente de la Cambra de Barcelona. Médico de formación y primer directivo de la aseguradora DKV durante 25 años, conoce el sector energético a la perfección. También alumno de Esade, es una persona claramente comprometida contra el cambio climático y a favor de la sostenibilidad. Además de su brillante trayectoria como gestor médico, igualmente apoya con fuerza la ayuda a los más necesitados, dedicando una parte de su vida al voluntariado en Médicos Mundi.

Al frente de la Cambra, ha puesto rumbo a una nueva etapa estableciendo puentes con todos y poniendo luces largas para la institución sea motor central de grandes proyectos relacionados con innovación, exportación e internacionalización.

Santacreu es un personaje que rompe moldes, por tanto, con un bagaje intelectual y a su vez una valentía fuera de lo común. Su independencia y visión constituían factores más que interesantes para participar en este libro.

El prólogo de este viaje narrativo de dos décadas y medio corre a cargo del profesor **Francesc Xavier Mena**, catedrático de Economía de Esade-URL y profesor de Emili Rousaud. Fue consejero de Empresa en el Gobierno de Artur Mas en la Generalitat, en una etapa en la que el *president* quería nombrar a los mejores técnicos en sus cargos. No es de extrañar, por tanto, que considere a Emili Rousaud un «capitán de industria», empeñado en crear empresa, sin pensar en la venta rápida al operador dominante (vulgo: el pelotazo) y destacando su activa participación en las instituciones ya citadas. A destacar, también, su crítica sobre una administración que no ofrece apenas facilidades al emprendedor, a pesar de que sí le mete la mano en el bolsillo. Solo por eso, puede comprobarse que fue un *conseller* con alto conocimiento de empresa.

Emprendedor en el sentido más profundo de la palabra

Juan José Brugera
Presidente de Inmobiliaria Colonial

Emili Rousaud es un emprendedor nato. Este espíritu emprendedor, a menudo infravalorado en el mundo actual, es fundamental para el progreso de las economías y las sociedades. Aunque el protagonismo suele recaer en las grandes corporaciones, es esencial recordar que todas ellas, en algún momento, fueron el sueño y la creación de un emprendedor valiente, que decidió dar un paso al frente y lanzarse al riesgo de lo desconocido.

Las grandes firmas del IBEX, las compañías tecnológicas más innovadoras de Estados Unidos, y muchas otras que hoy dominan el panorama económico global... todas tienen un punto de origen en común: una persona o un pequeño grupo de visionarios que se atrevieron a crear algo nuevo. Pensemos en Apple o Microsoft, empresas que nacieron en un humilde garaje gracias al esfuerzo y la determinación de fundadores que, lejos de seguir el camino más seguro, decidieron vender sus bienes más preciados para financiar su visión. Ninguna de estas compañías existiría hoy sin ese impulso inicial de un emprendedor dispuesto a enfrentarse a la incertidumbre.

El emprendimiento, como el talento artístico, no se aprende; se lleva en la sangre. Es una combinación de pasión, creatividad y una capacidad única para identificar oportunidades donde otros solo ven problemas. Emili Rousaud es un ejemplo claro de ello. Su etapa formativa en Esade fue decisiva, no solo por los conocimientos adquiridos, sino por el ambiente de innovación y aprendizaje continuo que cultivó en él una sed insaciable de saber. Fue allí donde tuvo la oportunidad de desarrollar su capacidad para aprender, pero también para enseñar, convirtiéndose más adelante en un referente académico en su sector. Recuerdo con especial cariño su tesina, la cual tuve el honor de dirigir.

A pesar de su prometedora carrera en el sector privado, Emili no tardó en dejar aflorar su verdadera vocación empresarial. Con poco más de treinta años, tomó la audaz decisión de dejar un puesto cómodo y bien remunerado para embarcarse en la aventura de crear su propia empresa, Factorenergia. Esto sucedió en un momento crucial para el sector energético, que comenzaba a experimentar una transformación sin precedentes con la liberalización del mercado eléctrico. No solo fue capaz de detectar esta oportunidad, sino que supo aprovecharla con maestría, posicionando a Factorenergia como uno de los nuevos operadores clave en un sector en plena evolución.

Este cambio no solo ha tenido un impacto económico, sino que ha supuesto un avance significativo para la sociedad. En la vida, existen seguidores que se benefician de las transformaciones y líderes que las impulsan. Emili pertenece al segundo grupo. Quiso estar al mando de este cambio, desde el asiento del conductor, liderando un proceso que ha permitido a miles de consumidores acceder a un mercado más democrático y competitivo.

La manera de gestionar su empresa también refleja el sello de Esade. Su enfoque empresarial se ha basado en un crecimiento orgánico, en la aplicación de la tecnología más avanzada y en un firme control de la deuda. Todo ello, combinado con un profundo respeto por el capital de los accionistas, ha permitido que Factorenergia crezca de manera sostenible y sin caer en el sobreapalancamiento, manteniéndose siempre fiel a la promesa de ofrecer un retorno a sus inversores.

Pero la contribución de Emili no se limita al ámbito empresarial. Su implicación en la docencia y en otras instituciones de la sociedad civil es una clara muestra de su compromiso con el desarrollo de un tejido económico y social más fuerte y resiliente. Desde su participación activa en patronales hasta su implicación en el Círculo de Economía, ha demostrado que el éxito empresarial va de la mano de la responsabilidad social y del impulso al conocimiento y la innovación.

Uno de los logros más destacados de Factorenergia ha sido su papel pionero en la promoción de energías renovables en España y Cataluña. La empresa ha sido clave en el desarrollo de un sector energético más limpio y autosuficiente, una contribución vital en la lucha contra el cambio climático. Además, fue la primera en introducir la tarifa libre, un hito que más tarde adoptaron el resto de los competidores. Este esfuerzo por avanzar hacia un modelo energético más sostenible no ha estado exento de dificultades, pero tras años de inversión y lucha contra la compleja regulación, los frutos empiezan a recogerse.

Hoy, España se encuentra ante una oportunidad histórica para convertirse en un polo energético de referencia en Europa, gracias a sus abundantes recursos solares y a las inversiones en energías limpias que se han hecho durante años. Este proceso puede ser el motor de una nueva fase de reindustrialización, algo que beneficiaría enormemente al país. Factorenergia ha sido un actor clave en este cambio, demostrando que la liberalización de los mercados, bien gestionada, no solo impulsa la competitividad, sino que democratiza el acceso a servicios esenciales y contribuye a un país más eficiente y sostenible.

Celebrar los 25 años de Factorenergia es también una celebración del espíritu emprendedor. Una llamada para que las nuevas generaciones de empresarios y ejecutivos se atrevan a soñar, a innovar y a enfrentar los retos que nos depara el futuro con valentía.

En definitiva, Emili es un emprendedor en el sentido más profundo de la palabra, y gracias a su visión y la de otros emprendedores como él, seguimos avanzando como sociedad. Su legado no solo está en la empresa que fundó, sino en el impacto positivo que ha tenido en el desarrollo de nuestra economía y en la creación de un futuro más sostenible para todos.

Grandes barreras, todavía, para la innovación

Antoni Cañete
Presidente de PIMEC

El tejido empresarial está formado, mayoritariamente, por pequeñas y medianas empresas (pymes) que representan el 99.8 % de las empresas del país y proporcionan más del 70 % del empleo. Este hecho pone de manifiesto la vital importancia de las pymes en nuestra economía. Sin embargo, estas empresas a menudo se enfrentan a grandes dificultades derivadas de una fiscalidad compleja, una burocracia excesiva y leyes diseñadas para grandes corporaciones.

La fiscalidad en España es uno de los principales retos para nuestras empresas. El sistema fiscal actual es complicado y sobrecarga a las pymes con numerosas obligaciones tributarias que requieren una dedicación significativa de recursos. Esta realidad representa una barrera importante para el crecimiento y la innovación, afectando negativamente a la capacidad de nuestras empresas para competir en un mercado global cada vez más exigente. La fiscalidad es un elemento de competitividad y a la vez de justicia. Debe ser proporcional a los beneficios obtenidos, pero también debe permitir crecer y generar riqueza. La clave de la fiscalidad es el equilibrio. En este país, a la hora de la verdad, las pymes no pueden hacer ingeniería en los estados contables y tienen pocas posibilidades de hacer deducciones fiscales. Por lo tanto, no hay proporcionalidad y se puede afirmar que, en términos reales, las pymes no tienen una fiscalidad justa.

La burocracia en España también es uno de los grandes desafíos para mantener la competitividad y la sostenibilidad de nuestras pymes. La burocracia innecesariamente larga y complicada reduce tanto la facilidad para hacer negocios como la eficiencia. Es importante liberar estos recursos de manera que ayuden en lugar de perjudicar las vidas de nuestros empresarios, y crear un entorno que sea más propicio no solo para la inversión, sino también para la innovación y, sobre todo, para la mejora de la productividad. En definitiva, es necesario reducir el intervencionismo para aumentar la competitividad de nuestras empresas. Esto debe traducirse en menos normas, pero más claras y sencillas de entender y aplicar, al tiempo que se mejora la coordinación entre las administraciones públicas para evitar superposiciones que solo aporten mayor complejidad. Simplificar la normativa y los trámites administrativos no solo facilita la actividad empresarial, sino que promueve un entorno económico más dinámico y atractivo.

Emprender en España implica un riesgo significativo, en parte debido a la percepción social del emprendedor y el empresario. La figura del empresario a menudo se asocia con estereotipos negativos, lo que puede desincentivar el deseo de embarcarse en iniciativas empresariales. Esta percepción debe cambiar si queremos fomentar una sociedad más emprendedora e innovadora. Debemos promover una cultura empresarial que valore y apoye el emprendimiento. Esto incluye medidas educativas para fomentar las habilidades empresariales desde jóvenes, así como políticas de apoyo y asesoramiento para emprendedores. Además, sería necesario revisar y ajustar las políticas públicas para asegurar que se facilite el crecimiento empresarial.

Los economistas de renombre coinciden en que uno de los principales obstáculos para el emprendimiento en España es la excesiva burocracia y la falta de apoyo efectivo. Necesitamos un entorno más favorable para la creación de nuevas empresas, con menos trabas administrativas y un acceso más fácil a la financiación. Asimismo, es fundamental implementar incentivos fiscales específicos para emprendedores y startups, facilitando así el inicio y crecimiento de los proyectos empresariales. En este contexto, las características clave que debe tener un emprendedor hoy en día son la resiliencia, la capacidad de adaptación y una mentalidad innovadora. La resiliencia es esencial para superar los obstáculos que inevitablemente surgirán en el camino empresarial. La capacidad de adaptación le permitirá responder de manera efectiva a los cambios del mercado y a las necesidades de los consumidores, y finalmente, una mentalidad innovadora es crucial para diferenciarse de la competencia y crear valor añadido. Los expertos también destacan el aprendizaje continuo y la capacidad de colaboración como aspectos importantes.

En un futuro dominado por la globalización económica, considero que el proyecto personal ganará más importancia en comparación con el empleo por cuenta ajena. La creciente flexibilidad del mercado laboral y las nuevas tecnologías permitirán crear y gestionar negocios de manera más eficiente y con menos recursos. Esto abrirá nuevas oportunidades para aquellos que deseen emprender y desarrollar sus propias iniciativas. Los expertos subrayan que tenemos un enorme potencial si conseguimos crear un ecosistema emprendedor dinámico y atractivo, donde los emprendedores se sientan respaldados y valorados, contribuyendo así al desarrollo económico y social del país.

La transición energética representa una oportunidad histórica para el crecimiento y la reindustrialización del país. La inversión en tecnologías renovables no solo contribuirá a reducir las emisiones de carbono, sino que también creará nuevos empleos y fomentará el desarrollo tecnológico. Los expertos destacan que la transición energética puede generar hasta 500 000 nuevos empleos en la próxima década si se gestionan adecuadamente las inversiones y se promueven políticas favorables. Es imprescindible que las políticas públicas acompañen este proceso, facilitando e incentivando la inversión y eliminando las barreras que puedan frenar este desarrollo.

Para aprovechar plenamente esta oportunidad, es necesario superar ciertos retos. Estos incluyen la necesidad de infraestructuras adecuadas, la creación de marcos regulatorios favorables y la garantía de una financiación suficiente para proyectos de energía renovable. Los expertos también subrayan la importancia de fomentar la investigación y el desarrollo en tecnologías verdes, y crear incentivos fiscales para las empresas que apuesten por la sostenibilidad. La colaboración entre el sector público y privado es fundamental para impulsar esta transición. Las trabas burocráticas actuales dificultan la implantación de proyectos renovables, y es esencial eliminarlas para garantizar una regulación estable que dé confianza a los inversores. Solo así podremos convertir al país en un referente en energías renovables, aprovechando nuestro potencial natural y tecnológico para liderar una transición energética que beneficie a toda la sociedad e impulse nuestra economía hacia un futuro más sostenible. Por otro lado, cabe destacar que la excepción ibérica nos ha hecho ganar competitividad como nunca antes lo habíamos hecho.

Visto desde fuera de la compañía, el caso de Factorenergia se percibe como un ejemplo destacado de innovación y adaptación en el sector energético, lo que nos hace sentir aún más orgullosos de que forme parte de PIMEC y que Emili Rousaud sea uno de los vicepresidentes de la entidad. Factorenergia fue pionera en romper el monopolio del sector eléctrico español en 1999 y ha demostrado una notable capacidad para crecer e internacionalizarse en un mercado altamente competitivo, con un firme compromiso con la sostenibilidad y la eficiencia energética. Su éxito se debe en gran medida a esta visión estratégica clara, basada en la diversificación de servicios y en la adopción de tecnologías avanzadas para mejorar la eficiencia energética y reducir costos. Esto le ha permitido ofrecer soluciones personalizadas y competitivas a sus clientes, posicionándose como un referente en el sector.

Este caso de éxito puede servir de inspiración para otras empresas que quieran seguir un camino similar, aprovechando las oportunidades que ofrece la transición energética y contribuyendo al desarrollo económico y ambiental del país. En definitiva, Factorenergia ejemplifica cómo una empresa puede crecer e innovar en un sector en constante evolución.

Más *role models* para los emprendedores

Mercè Conesa
Directora general de Barcelona Global

En Barcelona Global consideramos que la ciudad es un espacio donde deben pasar muchas actividades y entre ellas está, por supuesto, la económica, con un peso realmente muy importante. Y la principal actividad económica en las ciudades la genera la pequeña y mediana empresa (pymes). Si tenemos en cuenta la economía catalana, y la de Barcelona en particular, las pymes están generando el 60 % del PIB. En este sentido, es muy importante tener en cuenta que tan importante es la diversificación de estas pequeñas y medianas empresas como su especialización inteligente.

Nosotros analizamos cada dos años, a través de nuestro estudio Scale-up Monitor, aquellas empresas que han nacido como *startups* en Barcelona y que van a escalar hasta convertirse en una pyme o incluso en una gran empresa. Y hemos detectado algunas dificultades en este proceso de escalado, como son la burocracia y la fiscalidad. Una ciudad que quiera tener una posición muy activa en el progreso económico debe estar atenta a las necesidades de las empresas y del emprendimiento, facilitando los trámites, eliminando la burocracia y mejorando la fiscalidad.

Tanto en las ciudades como en las comunidades autónomas o en el país, nuestra digitalización no está suficientemente avanzada, los trámites administrativos deberían estar digitalizados de forma que estas empresas puedan tramitar los permisos, ampliaciones, etcétera, y se reduzca así la burocracia. Existe una pequeña y mediana empresa en sectores más tradicionales que no creció en un entorno tan tecnológico como el actual y que aún debe dar ese salto a la digitalización. En este sentido, creemos que hay una ventana de oportunidad en la digitalización para estas firmas más ligadas a la antigua economía.

La fiscalidad también aparece en nuestros informes como otra de las principales barreras con las que se encuentran estas empresas, que tienen que crecer y que muchas veces se acaban deslocalizando, pues la descompensación entre fiscalidad y beneficios las puede poner en peligro. Necesitamos una fiscalidad competitiva porque, hoy en día, todas las ciudades competimos por atraer al mejor talento, ya que, tras él, llegan las empresas y las inversiones.

Nosotros detectamos un cambio importante en Barcelona en el ecosistema emprendedor. Si hace veinte años, los alumnos que se graduaban en las facultades querían o bien ser funcionarios o asalariados en sectores económicos tradicionales, actualmente, cerca del 80 % quiere emprender, crear su propia empresa. Es un dato muy positivo que refleja el importante cambio cultural de nuestra sociedad. Seguro que casos como el Factorenergia y el de su fundador han influido, porque representa un caso de éxito. Hoy en día, tenemos *role models* que podemos replicar y este es el caso de Emili Rousaud. Clarísimamente, él ha ejercido ese *role model* en un sector que estaba (y está) muy regulado, pero que se liberalizó en un momento determinado y donde él buscó una oportunidad, un espacio en el mercado, y lo encontró. Factorenergia es un claro ejemplo de emprendimiento desde Barcelona. ¿Qué quiere decir esto? Que Barcelona genera talento emprendedor de impacto y que debe ser capaz de mantener este talento, reconocerlo y posicionarlo como modelo. Deberíamos estar muy satisfechos de que nuestras empresas tengan éxito, porque al final impactan en nuestro colectivo y mejoran nuestra sociedad. Factorenergia y Emili Rousaud han influido en las siguientes generaciones de emprendedores, han ayudado a muscular el sistema emprendedor y a ampliar la capacidad que tienen las nuevas generaciones de ser disruptivos. Si el 60 % de la economía catalana depende de las pequeñas y medianas empresas, está claro que depende de los emprendedores. Por ello, en Barcelona Global creemos y trabajamos en su acompañamiento. Un ejemplo de ello es la conocida como Ley de Startups, en la que Barcelona Global incluyó un importante número de mejoras sustanciales en la normativa.

Las ciudades están en plena revolución digital y energética. Barcelona hace tiempo que trabaja en su modelo de *smart city*, mediante el uso de la tecnología para obtener información y datos que reviertan en la mejora de sus sistemas, optimice la gestión de sus recursos y se avance a posibles escenarios. Este es uno de los usos de la tecnología en las ciudades, pero también está al servicio de otros objetivos que nos fija la Unión Europea, el Pacto Verde Europeo.

Barcelona se ha comprometido con los objetivos de desarrollo sostenible a una serie de reducciones de consumos energéticos y de emisiones. También forma parte de la misión de las cien ciudades europeas que van a descarbonizarse a mayor velocidad, lo que supone depender menos de los combustibles fósiles y evolucionar más rápidamente hacia energías limpias. Para este proceso es imprescindible contar con empresas como Factorenergia. No solo las administraciones públicas deben transformarse, sino que el sector privado debe ser el primero en implementar el cambio, consumiendo energía de fuentes renovables. Así pues, para conseguir los objetivos de la misión de las cien ciudades europeas que deben descarbonizarse y del Pacto Verde, la Administración pública tiene que avanzar con empresas como Factorenergia.

La liberalización del sector energético ha favorecido la existencia de compañías como Factorenergia, que son capaces de dar un servicio adecuado a los ciudadanos y de que estos encuentren al otro lado una empresa corresponsable que ayuda también a que su comportamiento contribuya a la reducción de los consumos y de las emisiones. Así pues, en este proceso de transición estamos llamados todos a colaborar, ciudadanos, empresas y administraciones. El ciudadano o la comunidad de propietarios no puede abordar la inversión que supone un cambio de estas características en su edificio, pero en cambio hay empresas que sí pueden dar esta oportunidad. Este es un modelo realmente disruptivo, porque entonces estás realmente dando una oportunidad al particular para que contribuya también a esa descarbonización.

El reto de la productividad, para huir de la mediocridad

Jaume Guardiola
Presidente del Cercle d'Economia

En los últimos veinte años se ha producido una regresión importante y alarmante en la renta per cápita de Cataluña y España respecto a la media europea, que se explica, sobre todo, por el escaso crecimiento de la productividad.

La productividad es el determinante clave de la renta per cápita de un país y, en última instancia, del nivel de bienestar de su población.

Hay una estrecha relación entre el crecimiento de la productividad y los ingresos de la población. Así mismo, una mayor productividad se asocia con un menor número de horas trabajadas y con una reducción de la población en situación de pobreza. En definitiva, en las regiones más productivas de Europa, los trabajadores perciben salarios más elevados y, al mismo tiempo, precisamente porque son más productivos, trabajan menos horas. Una mayor productividad es el elemento clave para que el conjunto de la ciudadanía pueda disfrutar de una mejor calidad de vida.

El crecimiento de la productividad en España es mucho más bajo y se aleja del de la Unión Europa. Entre los años 2000 y 2022 la distancia se ha doblado: se ha pasado de un 6 % a un 12 % inferior. Nuestra economía cada vez se parece más a la de las regiones menos productivas de la Unión Europea. Las dinámicas recientes son preocupantes. Muestran una economía abocada a la mediocridad si no se actúa de manera urgente, coordinada y con determinación.

Algunas de las causas de la baja productividad de nuestra economía se han subrayado en otras ocasiones. Por un lado, hay un problema de estructura sectorial, muy sesgada hacia el sector terciario menos productivo; por otro lado, hay un problema de dimensión empresarial, porque nuestro tejido productivo está formado mayoritariamente por pymes, lo que hace difícil explotar economías de escala y ganar productividad. Y, por debajo de todo eso, existe una falta de inversión en capital físico, activos intangibles y también en capital humano. En parte, es responsabilidad de las empresas, pero la política económica llevada a cabo en las últimas décadas tampoco ha ayudado a ello.

El gran peso de las pymes en la economía española, aunque representa una fuente significativa de empleo y dinamismo económico, también trae consigo limitaciones estructurales. Las pymes a menudo carecen de los recursos necesarios para innovar y competir a nivel internacional, lo que puede frenar su crecimiento. Hay que impulsar políticas para aumentar el tamaño de nuestras empresas y así potenciar nuestra productividad. Para ello es esencial agilizar los procesos burocráticos mediante la digitalización y la mejora de la eficiencia administrativa. La burocracia excesiva ralentiza la creación y el crecimiento de las empresas, haciendo que los trámites administrativos sean largos y costosos.

Emprender en España es una tarea desafiante debido a la percepción social y los obstáculos económicos y burocráticos. Sin embargo, el perfil del emprendedor debe adaptarse a estos desafíos para tener éxito. Las características clave incluyen la resiliencia, la capacidad de innovar y adaptarse rápidamente a los cambios del mercado, y una fuerte habilidad para la gestión y planificación estratégica. Además, es crucial que los emprendedores cuenten con habilidades de liderazgo y comunicación para atraer talento y socios estratégicos.

Un emprendedor en España debe esperar enfrentar obstáculos, desde la obtención de financiación hasta la superación de barreras administrativas y regulatorias. No obstante, también puede encontrar oportunidades en sectores emergentes como la tecnología, la energía renovable y el turismo sostenible.

En cuanto al futuro laboral en una economía globalizada, es probable que el proyecto personal y el emprendimiento ganen importancia frente al empleo por cuenta ajena. La digitalización y la globalización están facilitando el acceso a mercados internacionales y la creación de redes de trabajo flexibles, lo que abre nuevas oportunidades para los emprendedores.

La transición energética en España representa una oportunidad histórica de crecimiento y reindustrialización. España tiene un gran potencial para liderar en energías renovables gracias a su abundante sol, viento y recursos hidroeléctricos. Esta transición no solo puede contribuir a la reducción de emisiones de carbono y al cumplimiento de los objetivos climáticos internacionales, sino que también puede impulsar la creación de empleo y la innovación tecnológica.

El desarrollo de infraestructuras para energías renovables, la inversión en investigación y desarrollo (I+D) y la promoción de la eficiencia energética son áreas clave donde se pueden generar nuevas oportunidades económicas. Además, la transición energética puede fomentar la reindustrialización de regiones desfavorecidas, creando empleo y desarrollo local.

Factorenergia ha logrado posicionarse como un actor relevante en el mercado de energía limpia y sostenible, ofreciendo soluciones innovadoras tanto para empresas como para consumidores finales.

El éxito de Factorenergia puede atribuirse a su enfoque hacia la sostenibilidad y la eficiencia energética, así como a su capacidad para adaptarse a un mercado en rápida evolución. La compañía ha sabido aprovechar las oportunidades que ofrece la transición energética, diversificando su oferta y apostando por la innovación.

En conclusión, el mundo empresarial en España enfrenta desafíos significativos, pero también tiene enormes oportunidades de crecimiento y desarrollo. Simplificar la fiscalidad y la burocracia, fomentar el espíritu emprendedor y aprovechar la transición energética son claves para impulsar el sector empresarial. Emprendedores y empresas deben adaptarse a un entorno globalizado y tecnológicamente avanzado, mientras que ejemplos como Factorenergia muestran que el éxito es posible con un enfoque estratégico y sostenible.

La empresa ante el desafío de la transición energética

Josep Santacreu

Presidente de la Cambra de Comerç de Barcelona

El acceso a la energía es un factor clave para el desarrollo y el bienestar de las sociedades. De hecho, uno de los descubrimientos que más ha marcado la historia de la humanidad, el fuego, es precisamente una fuente de energía. Hoy en día, es difícil o casi imposible pensar en una actividad económica, servicio o industria que no haga uso de la electricidad u otra fuente de energía para hacer funcionar las máquinas. En los hogares, nos iluminamos y nos protegemos del frío y del calor mediante la energía.

Desde las revoluciones industriales de los siglos XIX y XX, los combustibles fósiles como el petróleo, el carbón y el gas se han utilizado ampliamente para producir energía. Se trata de fuentes de energía no renovables y, por lo tanto, algún día se agotarán. Debemos tener esto muy presente en un contexto en el que la demanda de energía irá en aumento a medida que la población mundial crezca. Actualmente, en el planeta habitan unos 8000 millones de personas, y según las proyecciones de la revista *The Lancet* en 2064 la cifra alcanzará un pico de 9730 millones.

Vivimos en un escenario de crisis climática, un gran desafío que tiene muchas caras, como la grave sequía que han sufrido las cuencas internas de Cataluña en 2024. Pero la cara más palpable de esta crisis es la acción humana y la emisión de gases contaminantes de efecto invernadero, producidos por el consumo de combustibles fósiles. Según el Grupo Intergubernamental sobre el Cambio Climático de Naciones Unidas (IPCC), aproximadamente el 35 % de las emisiones globales de gases de efecto invernadero provienen de la generación de energía. Si entendemos que los factores principales que impulsan la emisión de gases de efecto invernadero a la atmósfera son el crecimiento de la población y la economía, también debemos entender que este crecimiento no puede ser sostenible si se hace a costa de la degradación del medio ambiente. En cuanto a la energía, esto solo lleva a una conclusión: es necesaria una transición.

La transición energética es un proceso muy complejo que necesita planificación, ya que se trata de abandonar progresivamente el uso de fuentes no renovables y contaminantes por fuentes renovables y limpias. La Cámara de Comercio de Barcelona ha estimado en un estudio que la inversión necesaria en Cataluña para alcanzar un modelo energético 100 % renovable en 2050 se eleva a 50 000 millones de euros. En este sentido, para lograrlo, Cataluña debería multiplicar por veinte la velocidad de su descarbonización en los próximos años.

¿Por qué los catalanes debemos acelerar tanto en esta carrera? Los datos nos indican que el proceso de descarbonización anual per cápita de Cataluña es mucho más lento que la media europea, con un porcentaje de la potencia de energía eléctrica renovable prácticamente estancado en torno al 30 % respecto al total desde 2015. En el conjunto de España, en cambio, el protagonismo de la generación de energía con fuentes renovables se ha acelerado a partir de 2018, y la potencia eléctrica con fuentes renovables supera ya el 60 %.

Cataluña se encuentra a la cola de la transición energética, y uno de los motivos es probablemente el exceso de normativas y burocracia para desarrollar proyectos de autoconsumo e instalaciones para producir energía verde en el territorio. Este es, de hecho, un mal endémico de nuestro sistema público que afecta la calidad de la administración, y en este caso son notorias las consecuencias negativas que se derivan: no solo perdemos el tren de la descarbonización, sino también la oportunidad de transformar la economía y generar empleo en el sector energético.

La lucha contra el cambio climático es una responsabilidad colectiva en la que el mundo empresarial también debe contribuir como actor de la sociedad. A medida que aumenta la conciencia sobre el cambio climático, las empresas deben incorporar a su estrategia a largo plazo la sostenibilidad ambiental, económica y social. Ya no es una elección, sino una obligación que tenemos. Las empresas deben convertirse en activistas por la salud humana y, por extensión, la del planeta.

De hecho, el tejido productivo catalán cada vez está más concienciado con el medio ambiente y la lucha contra el cambio climático. Según un estudio del

Idescat en colaboración con la Cámara, hasta un 78 % de las empresas aseguran haber tomado decisiones que favorecen la sostenibilidad ambiental, como reducir las emisiones contaminantes, reciclar o mejorar en eficiencia energética.

La transición energética no se trata solo de cómo producimos la energía, sino también de cómo la consumimos. Por lo tanto, también debemos abordar aspectos clave como la modernización de las infraestructuras para favorecer el ahorro y el consumo energético eficiente, así como la integración de nuevas tecnologías en las redes de distribución y los equipos eléctricos, y descarbonizar sectores como la movilidad electrificando el transporte privado e invirtiendo en la red de transporte público. Paralelamente, las administraciones deben flexibilizar los trámites de proyectos de energías renovables y aumentar los incentivos para invertir en sostenibilidad ambiental.

Las empresas más comprometidas con la sostenibilidad serán las que lideren la transición desde el sector privado, aquellas que ven en la estrategia de contención de la crisis climática una oportunidad también para generar negocio y entienden el potencial de las renovables para crear nuevos puestos de trabajo e impulsar la investigación y la innovación. Un ejemplo es la energética Factorenergia, que es la primera energética española que ha acreditado su compromiso con la sostenibilidad, el medio ambiente y el ahorro energético, cumpliendo con los ODS. Además de ofrecer soluciones de autoconsumo y suministro de energía, ha adoptado tecnologías disruptivas como el *blockchain* para monitorear el rendimiento y la eficiencia energética.

Necesitamos más empresas que sigan los pasos de Factorenergia y comprender que la transición energética es una necesidad imperiosa para garantizar un futuro sostenible para las generaciones venideras. Como ya se ha señalado, no solo se trata de cambiar las fuentes de energía, sino de transformar completamente nuestro modelo de consumo y producción energética. Cada acción contribuye a la lucha contra el cambio climático, y las empresas, como actores clave de la sociedad, tienen el poder de liderar esta transformación, convirtiéndose en pioneras de un nuevo modelo económico más verde y responsable con el planeta. En Cataluña, tierra de emprendimiento e innovación, tenemos la oportunidad de ser líderes en este cambio, demostrando que la sostenibilidad y el progreso pueden ir de la mano.

Un viaje por nuestra historia

▼ 1975

Emili junto a sus padres el día de su primera comunión, en 1975, en la casa familiar del barrio barcelonés de Tres Torres.

▼ 2000

Nace la primera comercializadora independiente de electricidad en España

EGF obtiene la licencia de Industria para distribuir a los grandes consumidores

DOLORS ÁLVAREZ

BARCELONA. – Aunque a un ritmo más lento que en el negocio de la telefonía, la competencia empieza a entrar también en el mercado eléctrico, al menos para los consumidores industriales. En su pugna por el reparto del pastel, las tradicionales compañías del sector afrontan ahora una nueva competencia: la entrada de operadores independientes que, al tener una estructura y unos costes reducidos, pueden ofrecer en principio precios más competitivos. Energy Factory Group (EGF), una sociedad creada por tres jóvenes profesionales de Cataluña, ha sido el primer operador independiente en obtener la licencia del Ministerio de Industria para operar como comercializador eléctrico. En los próximos días, iniciará las pruebas piloto y en abril comenzará a operar efectivamente.

EGF se ha creado a iniciativa de Jordi Ricou, ex responsable de logística de Cobega, Emilio Rousaud, con experiencia en sistemas de cogeneración, y Román Rousaud, especializado en temas financieros. Industria ha autorizado a EGF para actuar como comercializador eléctrico, es decir, para adquirir energía en el mercado para su posterior venta a los llamados clientes cualificados, teniendo libre acceso a las redes de transporte y distribución. Por primera vez se otorga la licencia a una compañía que no procede del negocio eléctrico tradicional y que se propone competir con Endesa, Iberdrola, Unión Fenosa, Hidrocantábrico, la norteamericana Enron y la noruega SKS.

La competencia se circunscribe a los llamados consumidores cualificados, aquellos que, en virtud de los plazos de liberalización establecidos, pueden elegir suministrador eléctrico. En la actualidad, pueden elegir compañía las empresas que consumen al menos un millón de kilowatios al año: 9.900 clientes en España y 2.300 en Cataluña. A partir del próximo mes de julio, quedará liberalizado todo el sistema de alta tensión, lo que supone unos 60.000 clientes en toda España. Para los 18 millones de consumidores domésticos, la apertura llegará en el 2007.

Jordi Ricou, uno de los tres cofundadores de EGF, está convencido de que pueden plantar cara a los grandes empresas elécricas "mediante un buen servicio y unos precios competitivos". Su objetivo es hacerse con un 5% del mercado liberalizado, con unos ingresos previstos de 7.000 millones en el año 2007. Para ese año, cuando se incorporen a la liberalización los 18 millones de consumidores domésticos, Ricou espera tener ya la compañía consolidada para afrontar el reto de los clientes particulares.

Según Jordi Ricou, EGF tendrá una estructura pequeña y flexible en comparación con los gigantes eléctricos y esto le permitirá ofrecer precios más bajos, Su opinión es que probablemente podrá ofrecer tarifas un 20% más bajas que las actuales, aunque aseguró que "el propósito de EGF no es el de reventar precios". Su competitividad se basará sobre todo en el servicio "abandonando el criterio de abonados y pensando en clientes". Aunque nacida en Cataluña, la voluntad de EGF es operar en toda España.

Ricou reconoció que la reacción lógica de Endesa –empresa que controla el negocio eléctrico de Cataluña– será igualar las ofertas que haga EGF para no perder cuota de mercado, aunque "Endesa está obligada a mantener unos márgenes razonables y, por tanto, no podrá igualar siempre las ofertas".●

JORDI BELVER

De izquierda a derecha, Jordi Ricou, Román Rousaud y Emilio Rousaud, los tres confundadores de EGF

La Vanguardia publicó el 17 de enero del 2000 el primer artículo en prensa sobre el nacimiento de Factorenergia. Fueron los pioneros en un sector que nacía a la libre competencia.

Instalando y montando las primeras oficinas en el año 2000 en Barcelona. En la misma fecha que TV3 anunciaba la creación de una pequeña empresa que llegaba para competir con las grandes, se anunciaba la fusión Iberdrola-Endesa.

Extraños en el imperio de las eléctricas

Energy Factory es la primera empresa independiente que consigue una licencia para vender energía a la industria

La liberalización del sector eléctrico ha dado el primer paso para introducir la competencia. Por el momento, sólo la industria tiene a su alcance la posibilidad de elegir quién le suministra la energía. Energy Factory Group acaba de conseguir la licencia ministerial parar abrirse paso en ese mercado.

ENERGY FACTORY
Sector: eléctrico
Ingresos (2000): 1.100 mills.
Trabajadores: 10

MAX JIMÉNEZ BOTÍAS

Energy Factory Group es la primera sociedad independiente del sector eléctrico tradicional que ha conseguido una licencia del Ministerio de Industria y Energía para poder operar como comercializadora de electricidad, de acuerdo con la normativa que ha dispuesto la liberalización del sector eléctrico. **"Hemos decidido afrontar la aventura de lanzarnos a un mercado nuevo que se disputan las compañías de toda la vida"**, explica Jordi Ricou, uno de los socios fundadores de la compañía.

La desregulación progresiva del mercado ya ha provocado que éste funcione con una estructura de tres niveles: generación, distribución y comercialización. Energy Factory participa en el tercero, junto con Endesa, Iberdrola, Unión Fenosa, Hidrocantábrico y las multinacionales Enrond (EEUU) y SKS (Noruega).

En estos momentos, se disputan 9.800 clientes industriales en España y 2.300 en Catalunya, pero a partir del 1 de julio de este año, quedará liberalizado todo el sistema de alta tensión, lo que supone una cifra de 60.000 clientes en toda España. El último estadio de la liberalización se producirá en el 2007, año en el que las compañías podrán disputarse los 18 millones de consumidores domésticos.

Las amplias expectativas que ofrece la desregulación eléctrica para el sector hace que Energy Factory se haya fijado un plan de negocio ambicioso. **"Contamos con hacernos con el 5% del mercado de la comercialización en el 2007"**, dice Ricou. Ese porcentaje significa ingresos de 7.000 millones de pesetas, a los que se espera llegar a un ritmo de 1.000 millones al año. **"Esperamos obtener un *cash-flow*** –beneficio más amortizaciones– **positivo el primer año, aunque no contamos con repartir beneficios los primeros ejercicio"**, dice.

"Podemos hacernos con el 5% del mercado en el 2007", afirma uno de los socios de la firma

La sociedad, que en estos momentos monta sus oficinas en Barcelona, prevé una inversión de 100 millones en la primera fase, y aumentar esa cantidad en la medida que se desarrolle el negocio.

Energy Factory Group es una iniciativa de Emilio Rousaud, especializado en temas de cogeneración y consultoría energética; Román Rousaud, exdirector financiero de una multinacional, y Jordi Ricou, exresponsable de logística de Cobega. Los tres accionistas negocian en estos momentos la incorporación de un tercer socio financiero.

El trío fundacional parte del principio que **"resultará beneficioso para el consumidor final disponer de una alternativa independiente y española para la selección de un suministrador eléctrico"**.

Asimismo, insisten en que competir con las grandes pasa por mejorar el tipo de servicio que se ofrece a las empresas. Apuntan, además, que la posibilidad de contar con una estructura más flexible –la empresa dispone de un plantilla de 10 personas para ponerse en funcionamiento– abre la posibilidad de ajustar los márgenes e incidir sobre el precio final que recibe el consumidor. Agrega que existe un buen número de empresas que **"están cansadas de cómo actúan los monopolios"**. ■

LAURA GUERRERO

Román y Emili Rousaud y Jordi Ricou, socios de Energy Factory.

El mercado abierto de la electricidad

La desregulación del sector eléctrico ha incorporado la ley de la oferta y la demanda al mercado de alta tensión. El denominado operador del mercado eléctrico (OMEL) es quien se encarga de casar la oferta de las empresas generadoras (Endesa, Iberdrola, Unión Fenosa, Hidrocantábrico, la francesa EDF, la portuguesa EDP, y la empresa productora de Marruecos) con la demanda de los comercializadores. El organismo fija un precio marginal en una operación que se repite cada hora. Quien se queda fuera del precio marginal puede volver a intentarlo en un mercado secundario.

La energía contratada se canaliza, a través de Red Eléctrica de España (REE), hacia los distribuidores (sociedades desgajadas por imperativo legal de los generadores de energía) y éstos la dirigen al usuario final que ha contratado la electricidad a la comercializadora.

Las firmas que venden la electricidad deben cargar al precio marginal fijado por el OMEL un canon de generación de potencia, que cobran los distribuidores, y otros dos peajes: uno a REE y otro al operador del mercado.

Las empresas comercializadoras se disputan un consumo de 30.000 gigavatios/hora. Pueden vender en cualquier punto de España, no están sujetas a una distribución geográfica fijada.

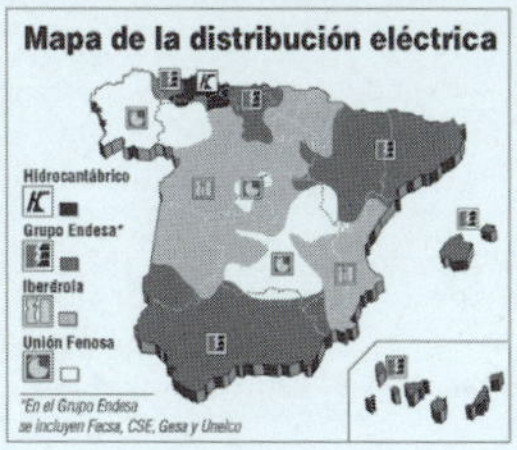

El Periódico titulaba en enero de 2000: «Extraños en el imperio de las eléctricas», donde informaba, con una fotografía del trío fundacional, que Energy Factory era la primera empresa independiente que conseguía una licencia para vender energía a la industria.

▼ 2003

Expansión Martes 21 de enero de 2003 CATALUNYA

EMPRESAS

La comercializadora independiente Factor Energía, controlada por la constructora egarense Copcisa, ha llegado a un acuerdo con siete mil pequeñas y medianas empresas catalanas para reducir su factura eléctrica. Las empresas forman parte del Grupo de Compra de Energía.

Factor Energía llega a un acuerdo con siete mil pymes para reducir su factura eléctrica

Más de cien empresas de Barcelona contratan los servicios de la comercializadora desde el pasado 1 de enero

B. BADRINAS. Barcelona

El acuerdo supone una ampliación del firmado a mediados de 2001, cuando diez mil empresas de la provincia de Barcelona –grandes consumidores de energía eléctrica– se adhirieron a la iniciativa. Ahora, gracias a que desde el pasado 1 de enero los pequeños consumidores pueden elegir suministrador, se han sumado al acuerdo otras siete mil compañías. El convenio permite cerrar acuerdos personalizados entre las empresas y la comercializadora a precios más competitivos.

Las agrupaciones empresariales integradas en el Grupo de Compra de Energía son la Asociación Empresarial de L'Hospitalet y Baix Llobregat, la Agrupació d'Industrials del Baix Vallès, la Unió Empresarial de l'Anoia, la Unió Empresarial Intersectorial-Cercle d'Empresaris, la Federació Empresarial de Badalona, y el Consell Intersectorial d'Empresaris de Sabadell i Comarca. "Desde el pasado día 1 de enero, en el marco del acuerdo, más de cien empresas han contratado los servicios de Factor Energía", explicó ayer Rosa Maria Fiol, presidenta de la Associació d'Empresaris de L'Hospitalet y Baix Llobregat y portavoz de la central de compras. "El objetivo –añadió Fiol– es negociar una tarifa más ajustada que ayude a las pymes a ganar competitividad".

En el centro, E. Rousaud, director de Factor Energía, y Rosa Maria Fiol, portavoz de Grupo de Compra de Energía.

ELENA RAMÓN

El primer acuerdo destinado a grandes consumidores –los conectados a la red de alta tensión– de energía eléctrica no obtuvo el éxito esperado para la comercializadora Factor Energía, aunque sí lo fue para las empresas del grupo. "Las comercializadoras tradicionales mejoraron sus ofertas y ganamos competencia", explicó Fiol. No obstante, la situación podría cambiar ahora, ya que las empresas han descubierto que el cambio no supone ningún problema. Factor Energía logró firmar el acuerdo a mediados de 2001 tras imponerse en una subasta a las ofertas formuladas por Endesa, Iberdrola, Unión Fenosa, Hidrocantábrico y la alemana EnBW.

Según Emili Rousaud, fundador y director de Factor Energía, la comercializadora ofrece tarifas un 4% más baratas para empresas con una tensión de hasta quince kilovoltios. A partir de esta cifra, los descuentos pueden alcanzar el 7%. Un estudio encargado por el Grupo de Compra de Energía en 1999 concluía que las pymes catalanas pagan la electricidad un treinta por ciento más caras que sus homólogas europeas. "Buscamos dar respuesta a las necesidades de las pymes con un precio más económico y una calidad en el suministro", asegura Rousaud. Para el director general de la empresa, que el distribuidor y comercializador de energía sea la misma empresa no es positivo, porque provoca un descenso de la calidad del servicio.

Socio de referencia

Factor Energía, con sede en Barcelona, es una comercializadora fundada a finales de 1999 por Emili Rousaud, Roman Rousaud y Jordi Ricou. Éste último abandonó la compañía a principios del año 2000. La empresa tiene como accionista de referencia a la constructora Copcisa, que controla el 65 por ciento del capital. La compañía cuenta con más de trescientos clientes en el mercado español y trabaja en todas las comunidades autónomas, excepto Galicia y Extremadura. Entre los clientes que han contratado a la empresa en los primeros días de este año destacan el Grupo Áreas y Hoteles Hesperia.

Factor Energía, que tiene una cuota de comercialización de energía en el mercado español del 0,113%, alcanzó el año pasado unos ingresos de seis millones de euros, un 5% más que en 2001.

La empresa amplía el acuerdo de 2001, que iba dirigido a grandes consumidores

Factor Energía ingresó el año pasado seis millones de euros, un 5% más

DIVERSIFICACIÓN DEL NEGOCIO

La constructora catalana Copcisa entró en el accionariado de Factor Energía –entonces Energy Factory Group– a finales del año 2000. La comercializadora de los hermanos Rousaud y de Jordi Ricou buscaba un socio inversor que le ayudara a financiar los planes de crecimiento de la empresa. Copcisa pensó que era una buena vía para diversificar su negocio, centrado en la obra civil, y tomó el 65 por ciento de la comercializadora a través de una ampliación de capital. Éste fue el primer paso de Copcisa para entrar en el negocio energético, ya que también tiene planes para construir plantas de cogeneración, a través de la filial Cogestany, e instalaciones eólicas. Por otro lado, Factor Energía ha dado el primer paso para entrar en la comercialización de energía eléctrica a particulares, gracias a un acuerdo firmado a finales del año pasado con Aigües de Terrassa. Copcisa fue fundada en la década de los sesenta por Benet Carbonell y se ha convertido en una de las mayores constructoras catalanas. La empresa quiere penetrar ahora con más fuerza en proyectos de toda España y reducir su dependencia del mercado catalán.

El 21 de enero de 2003, *Expansión* recogió la primera victoria de Factorenergia en el mercado de pymes a través de un gran acuerdo con asociaciones territoriales pertenecientes a la patronal Foment del Treball.

FACTOR ENERGÍA ACUDE AL SERVICIO DE LA COMPETENCIA

Endesa, denunciada por abuso de posición dominante

BARCELONA. (Redacción.) – La comercializadora energética Factor Energía ha denunciado a Endesa Distribución ante el servicio de Defensa de la Competencia, dependiente del Ministerio de Economía, por abuso de su posición dominante en Catalunya, ya que de las 500 pymes que han pedido cambiar de compañía sólo han podido hacerlo un 10%.

Así lo anunció ayer Emili Rousaud, director general de Factor Energía, en rueda de prensa, quien explicó que su compañía ha aportado en defensa de los argumentos que sostienen su denuncia el informe que le ha remitido la Comisión Nacional de Energía (CNE), que defiende las tesis de Factor Energía.

Torres de electricidad

"Es la primera vez que se denuncia en España a una compañía eléctrica por posición de dominio en el mercado", dijo Rousaud, que añadió que el servicio de Defensa de la Competencia "no ha respondido aun, pero esperamos que acepte la denuncia y la eleve al Tribunal de Defensa de la Competencia para que dictamine que Endesa debe abandonar estas prácticas".

Un total de 500 empresas han pedido el cambio, pero el 60% no han recibido ninguna respuesta por parte de Endesa Distribución, que comercializa electricidad bajo la marca Fecsa-Endesa en Catalunya, y otro 30% de las peticiones han sido rechazadas.

Factor Energía, controlada por la constructora Copcisa, fue la primera compañía independiente en obtener licencia de comercializadora de electricidad tras liberalizarse el sector.●

Demanda contra Endesa por abuso de posición dominante en el mercado, no se cumplía la ley en la portabilidad. La demanda se ganó doce años después.

▼ 2011

Victoria de Factorenergia en la clase J80 de la Copa del Rey de Vela patroneado por el medallista olímpico José María van der Ploeg.

▼ 2012

DOMINGO, 3 JUNIO 2012 ECONOMÍA

LOS NOMBRES Y LAS COSAS

EN COLABORACIÓN CON KPMG cutting through complexity™

EMILI ROUSAUD, PRESIDENTE DE FACTORENERGÍA

Intruso en el lobby eléctrico

DOLORS ÁLVAREZ
Barcelona

Fue la primera compañía independiente que obtuvo autorización para comercializar electricidad cuando se liberalizó el mercado para los grandes consumidores en 1999. Ni siquiera Emili Rousaud, uno de los tres socios fundadores y actual presidente de Factorenergía, sabía con exactitud en que se iba a meter cuando su hermano Román le explicó la nueva oportunidad de negocio que se abría y de la que había oído hablar gracias a "un jubilado de Endesa".

Rousaud explica que el sector eléctrico ha sido "históricamente muy cerrado" y hacerse un hueco en él no resulta fácil. "Tanto que un presidente de una eléctrica me dijo un día que no tenía pedigrí eléctrico". Y a veces, también tiene que aguantar miradas de conmiseración de algún que otro ejecutivo que ha hecho carrera en un gran grupo multinacional. "Yo no sé si habría llegado a su nivel, pero en cualquier caso no quería hacer esa carrera, quería tener mi empresa". No tiene claro que le entiendan. "Tampoco muchos entienden que no me quiera jubilar. Mi objetivo nunca ha sido vender y dar un *pelotazo*". "La gente se hace empresaria porque le gusta, no sólo para ganar dinero. Se asumen riesgos, pero con ilusión, y con la satisfacción que da ver lo que has sido capaz de hacer", sentencia.

Lo dice al hilo de lo que que considera una moda en torno al término emprendedor. "Se utiliza muchas veces a la ligera, como ocurrió en su día con el I+D+i. Algunos hablaban de ello sin saber muy bien qué quería decir. Un emprendedor es en definitiva cualquiera que tenga una idea, ilusión, experiencia y capacidad para llevarla adelante. Naturalmente, necesita apoyo".

Su tesis es que sin esfuerzo y sacrificio no hay emprendeduría. "Nosotros hemos tardado ocho años en tener buenos resultados". El año pasado la empresa ganó algo más de 5 millones de euros, con una cifra de negocio de 270 millones y una plantilla de 70 personas, Factorenergía tiene casi 30.000 clientes, todos ellos empresas, y la mayoría pymes. "De momento...", puntualiza Rousaud que lleva años aspirando a entrar en el mercado doméstico, en cuanto se liberalice. "Nacimos con vocación de ser una eléctrica global. Nunca llegaremos a ser Endesa o Iberdrola, ni ese es nuestro objetivo, pero tenemos nuestro sitio".

A sus 46 años, ha sustituido el café por la Coca-Cola light que puede tomar a cualquier hora como "fuente de energía alternativa". Licenciado por Esade, ha sido durante dieciséis años profesor asociado a la Pompeu Fabra, en la última etapa vinculado al área de comunicación audiovisual. Hace un par de años, dejó la universidad cuando comenzaron los recortes. "Cuando empecé era una universidad nueva, pero poco a poco fue tomando estructuras más rígidas, con más burocracia. Vi que había cumplido mi un ciclo".

Rousaud ejerció de director financiero del grupo de comunicación Bates hasta que decidió crear su propia empresa, junto a su hermano Román y Jordi Ricou. "El Ministerio de Industria alucinaba cuando pedimos la autorización. Una SL creada con un capital de 500.000 pesetas (3.000 euros ahora) ...". De hecho, después de darnos autorización cambiaron la legislación para exigir a los nuevos comercializadores un aval de 600.000 euros. "No sé si habríamos podido cumplir con eso..."

> **"La gente se hace empresaria porque le gusta y tiene ilusión, no sólo para ganar dinero"**

GUSI BÉJER

De los tres socios fundadores, sólo queda Emili, que en la actualidad controla el 35% mientras que el fondo estadounidense JZ International tiene el 65%. La estabilidad accionarial ha costado. El primer socio fue Iberdrola, una de las grandes eléctricas tradicionales con la que en principio Factorenergía debería competir. "Es una gran compañía, pero para nosotros estar integrados en una organización de ese tipo nos hizo perder agilidad, que es precisamente uno de nuestros grandes valores. Las decisiones iban más lentas de lo que necesitábamos...", admite Rousaud. Copcisa apareció como la gran solución. La constructora catalana tomó primero un 40%, en el 2007 acabó comprando toda la participación de Iberdrola y se convirtió en mayoritaria, con el 80%. Duró hasta hace dos años, cuando una vez pinchada la burbuja inmobiliaria Copcisa se desprendió de activos no estratégicos, como las gasolineras y Factorenergía.

"Con la llegada de Copcisa me autoimpuse una estricta disciplina financiera para cumplir el plan de negocio sin necesidad de demandar más capital. Porque no quería correr el riesgo de ver diluida mi participación". Ya unos años antes, cuando Copcisa tomó la primera participación, Rousaud hizo un gesto: "Reduje mi sueldo a la mitad". "Claro que entonces era joven, sin cargas familiares". Ahora, las tiene –dos niñas de 8 y 6 años– pero el esfuerzo pasado ha valido la pena. "La crisis nos ha pillado sin endeudamiento bancario".

Un fondo de capital como es JZ implica, sin embargo, otro riesgo, pues su primer objetivo es rentabilizar sus inversiones cuánto más pronto mejor. Rousaud explica casi a regañadientes que la empresa lleva dos ejercicios repartiendo dividendo, en un ejemplo más de que a veces no coinciden las preferencias de accionistas (exigen retribución) y gestores (desean reinvertir para crecer). Pero Rousaud dice sentirse tranquilo, porque "JZ tiene una relación de socio, suele permanecer diez años en una empresa y respeta la gestión".

Socio del Barça desde hace 28 años, sabe que la promoción de la cantera fue hacer de la escasez virtud, porque no había dinero para fichajes, y hace una comparación con el esfuerzo que se ha tenido que hacer en la empresa. Desde ella, ve cada día cómo va desapareciendo tejido industrial –"antes el que no pagaba era un listillo, ahora es un empresario con problemas"– y lamenta cómo esta crisis está castigando a quienes no participaron con la burbuja. "Yo no me siento responsable de ella: compré el piso que me podía comprar: venía de Tres Torres, pero me fui a Gràcia. Encantado...".●

LEA EN **www.lavanguardia.es/economia** LAS RESPUESTAS DE LOS ENTREVISTADOS PARA EL INFORME 'LOS DIRECTIVOS CATALANES ANTE LA COMPLEJIDAD' DE KPMG

Perfil de Emili Rousaud en *La Vanguardia* el 3 de junio de 2012 hablando de su faceta de emprendedor como intruso en el sector eléctrico.

▼ 2015

El Barça, la otra gran pasión de Emili. Foto de familia de la constitución de la directiva en 2015, con un triplete como aval.

Con su admirado Leo Messi, tras ganar el Mundialito de 2015.

Empuñando la Supercopa de 2015 con Luis Enrique al regreso de Georgia.

Un día y un recuerdo especial. Visita al palco del Camp Nou en familia en 2015. Emili junto a su padre y tío, compartiendo la pasión culé.

▼ 2017

Constitución de la filial mexicana en 2017 denominada Luxem, Luz y Energías de México. Se inicia la expansión internacional de la compañía.

Factorenergia inicia en México su expansión internacional

La eléctrica estima que el 2016 ganó más de 9 millones, un alza superior al 70%

ÓSCAR MUÑOZ
Barcelona

DANI DUCH / ARCHIVO

Emili Rousaud, fundador y director general de Factorenergia

El salto de Factorenergia fuera de España es inminente. Será en México. La comercializadora eléctrica catalana va a exportar su exitoso modelo de negocio a ese país aprovechando las oportunidades que presenta su mercado, en fase de liberalización. A principios de febrero se constituirá una nueva compañía con socios locales a través de la cual se comenzará a operar. Este será el primer paso de una expansión que se va a hacer sin prisas y que podría continuar en Colombia y en Japón, donde la firma fundada y dirigida por Emili Rousaud ya tiene contactos.

"Llevamos un año y medio viendo cómo trabajar en México y con quién asociarnos, ya estamos en condiciones de comenzar, es un país donde hay mucho por hacer", explica Rousaud, que también preside la Asociación de Comercializadoras Independientes de Energía (ACIE). Allí, Factorenergia no quiere correr. "Nos tomaremos el tiempo que sea necesario –añade–, como hicimos en España, donde comenzamos en 1999 y nos costó unos cuantos años ser conocidos y tener beneficios".

El 2016 fue un buen año para Factorenergia, con un fuerte crecimiento. A la espera del cierre contable del ejercicio, el director general espera que el beneficio sea un 70% e incluso un 75% mayor que el del 2015, en que se ganaron 5,4 millones (con una facturación de 413 millones), de modo que se superarían los 9 millones. "El 2016 –continúa Rousaud– hemos sumado clientes y hemos aprovechado que el mercado fue favorable con precios bajos, algo que no está ocurriendo en el 2017". La plantilla está compuesta por 146 trabajadores y la previsión es superar los 200 este año.

La compañía, fuerte en pymes, busca crecer más en el segmento residencial ofreciendo también gas

La compañía cuenta con unos 60.000 clientes, de los que 47.000 son pymes, 7.000 usuarios domésticos y el resto, grandes empresas. El segmento residencial "cuesta más" porque, a juicio de Rousaud, estos usuarios "no suelen estar tan encima" de los costes energéticos como las empresas. A los particulares ahora también se les ofrece gas, algo "necesario porque suelen pedirse contratos que tengan los dos servicios". La implantación territorial es dispersa –"es una fortaleza frente a la competencia", asegura–, aunque la facturación está más concentrada en Catalunya y Madrid.

Rousaud tiene el 35% del capital de Factorenergia. Su socio financiero, el fondo JZ International tiene en venta su participación, que cubre el 65% restante. "No es extraño que lo haga a partir de su quinto año –precisa–, ya ha obtenido la rentabilidad esperada, antes tuvimos otros dos socios y podría haber otros en el futuro".●

La Vanguardia se hace eco en 2017 del aterrizaje de Factorenergia en México.

Un fondo de pensiones público de Canadá compra el 50% de Factorenergia

ÓSCAR MUÑOZ Barcelona

Los accionistas de Factorenergia –el fondo americano JZ International y Emili Rousaud, fundador y director general de la compañía– cerraron el viernes un acuerdo con un fondo de pensiones público de la provincia canadiense de Ontario, cuyo nombre no ha trascendido, para que este adquiera el 50% del capital social de la firma por valor de 60 millones de euros. La entrada de este nuevo socio permitirá a la distribuidora de electricidad dar el salto a otras actividades relacionadas con las que realiza en la actualidad, como la generación de energía y la comercialización de gas, para las cuales asegura contar con recursos financieros y capacidad inversora superior a 400 millones.

"Para nosotros es muy importante la entrada de este nuevo socio, que tiene una capacidad inversora muy fuerte, porque podremos desarrollar nuevos negocios en sinergia con nuestro actual negocio energético", destacó ayer Rousaud, que mantendrá el 25% del capital de la compañía –hasta ahora tenía el 35%–, el mismo porcentaje que tendrá JZ International, que controlaba el 65%. Este último había puesto en venta su paquete accionarial entero o parcialmente en varias ocasiones. El equipo directivo continuará.

Factorenergia, fundada en 1999 y con sede en Barcelona, fue la primera empresa autorizada por el Ministerio de Industria para comercializar electricidad al iniciarse el proceso de liberalización del mercado en España. A día de hoy es la principal firma independiente del sector, con unos 70.000 clientes, en su mayoría empresas de todos los tamaños. Asimismo, ocupa el cuarto puesto por cuota de electricidad suministrada a pymes, por detrás de Endesa, Gas Natural Fenosa e Iberdrola, según datos de la propia compañía. Desde el 2016 también comercializa gas. Asimismo ofrece servicios de representación en el mercado a productores de renovables y asesoramiento en eficiencia y ahorro energético. El año pasado facturó 373,5 millones.●

En noviembre de 2017, *La Vanguardia* informaba de la entrada de nuevos socios en el capital de Factoenergia. Un salto para ganar músculo y capacidad para desarrollar nuevos negocios.

▼ 2018

Emili y Adolf Rousaud, directivos de Barça y Espanyol

FOTOS: CLAUDIO CHAVES/PERE PUNTÍ

Los Rousaud: primos, directivos y rivales

➲ Emili está en la junta culé de Bartomeu y Adolf, con Chen, el propietario perico

Gabriel Sans — Barcelona

➜ El derbi de hoy entre Espanyol y Barça se vivirá en familia. Literal. Emili Rousaud es directivo del Barça desde julio de 2015, desde las elecciones ganadas por Josep Maria Bartomeu, y Adolf Rousaud es vicepresidente del Espanyol desde mayo, pero su desembarco se produjo en enero de 2016. Son primos-hermanos, se llevan muy bien y aunque hoy no coincidirán en el palco por asuntos profesionales del azulgrana, la rivalidad bien entendida existe. Emili ya fue anfitrión de Adolf en el Camp Nou.

Nacido en Barcelona en 1966, Emili Rousaud es fundador y director general de Factor Energia S.A., una comercializadora energética que ofrece ahorro en la factura de la luz a sus clientes. Conoció a Bartomeu a través de su empresa y de un amigo común y un 'guasap' después de una victoria ante el Sevilla le abrió las puertas de la junta y del cometido patrimonial y social, responsabilidades en las que se mueve con mucha presteza. "Cuento contigo", le dijo el máximo dirigente azulgrana. Hasta hoy. A Emili le gusta trabajar en silencio y huye del escenario mediático.

Detrás de Chen Yansheng, dueño de la multinacional juguetera Grupo Rastar, que se hizo con el 54% del capital social del Espanyol, se encuentra un despacho de abogados, Rousaud Costas Duran, cuyo socio director y fundador, Adolf Rousaud, nacido en Barcelona en 1968, es hoy uno de los dos vicepresidentes espanyolistas. Forma parte de la nueva comisión ejecutiva impulsada por el propietario perico para dotar de mayor estructura a la entidad y su cometido pasa por dar viabilidad a una inversión de 138 millones. Dicen de él que se ha convertido en uno de los hombres fuertes del club. No es un forofo de cuna, pero con el tiempo ha sabido hacer del fútbol una pasión. No se pierde ni un partido del Espanyol y ha estado presente en casi todos los desplazamientos de esta temporada.

> Hoy no coincidirán en el palco por cuestiones de agenda profesional

Dispone de un departamento de abogados dedicados a asuntos penales y económicos y le ha tocado aconsejar a muchos clubs. Madrid, Mallorca, City, Udinese, Granada, Watford y también Barça. Y explica con naturalidad esta relación. "Yo he tenido un carnet del Barça porque mi despacho le ha dado servicios profesionales. Como proveedor, de alguna manera, te pedían que fueras socio, lo que nunca he tenido es un asiento. Cuando he ido al Barça ha sido invitado y esta es toda la historia (...)", dijo recientemente al diario La Grada •

Mundo Deportivo publicó una crónica muy familiar. Coincidencia casi única: los primos y directivos Rousaud en equipos rivales, uno en el Barça y el otro en el Espanyol.

10 BARÇA | SPORT | DOMINGO 15 JULIO 2018

OFICINA DE ATENCIÓN ESPECIALIZADA ▸ UNA NUEVA PROPUESTA

El Barça se vuelca con sus socios con discapacidad

El club trabaja en **una propuesta** de visitas y recorridos inclusivos cuyas reservas y visitas coordinará la OAE

TONI FRIEROS
Barcelona

A partir de septiembre, y dos veces cada mes, todos los socios y aficionados del FC Barcelona con alguna discapacidad podrán disfrutar del 'Camp Nou Experience' que incluye, entre otras actividades, la visita al Museo, al vestuario del primer equipo y poder pisar el césped del coliseo azulgrana.

Esta es una iniciativa de la Oficina de Atención Especializada (OAE) que depende del Área Social del FC Barcelona. Es un proyecto liderado por **Emili Rousaud**, directivo azulgrana incorporado a la junta por **Bartomeu** después de las elecciones de julio de 2015.

"Queremos conseguir la máxima participación e inclusión de nuestros seguidores con diversas discapacidades, ya sean visuales, auditivas, psíquicas o de movilidad. Tienen el mismo derecho a disfrutar de estas actividades de ocio", explica **Emili Rousaud**.

El club adaptará las instalaciones y pondrá personal especializado para atender a este colectivo

A partir de septiembre, y dos veces al mes, ya podrán disfrutar del Camp Nou Experience

El FC Barcelona vuelve a ser pionero al implantar esta iniciativa social, producto de las conclusiones extraídas de la Mesa de Asesores que trimestralmente convoca la OAE con organizaciones vinculadas a la diversidad, como Fundació La Caixa, ONCE o Special Olympics: "Nos ayudan y nos asesoran en todas las cosas que, como club, podemos hacer para mejorar la vida y las experiencias de este colectivo. De la teoría pasamos a la práctica", agrega **Rousaud**.

Ningún socio o aficionado del FC Barcelona con alguna discapacidad se quedará sin poder disfrutar de todas las experiencias que brinda el Camp Nou

A partir de septiembre, personal técnico del club, bajo la coordinación de **Albert Álvarez** y **Anna Aznar**, acompañarán a estos colectivos con diversidad funcional. Se adptarán los espacios y recorridos alternativos para que los usuarios en silla de ruedas puedan hacer todo el Tour del Camp Nou sin problemas a través de rampas.

Las personas con discapacidad visual podrán disfrutar de experiencias táctiles, tocando copas, botas, pilotas, trozos de hierba... Todos los materiales multimedia dispondrán de subtítulos y descripciones de los audios de la zona multimedia para que los visitantes con discapacidad auditiva puedan disfrutar.

Las visitas de estos colectivos se hará por grupos, donde habrá dos guías especializados para cada uno de ellos.

"Estas actuaciones que pueden parecer minoritarias, cada vez tendrán más demanda y sentido en los clubs, porque en la sociedad actual la esperanza de vida aumenta, así que tendremos más aficionados y socios mayores y habrá que adaptarse a sus necesidades", subraya con tino del directivo azulgrana.

En la actualidad la OAE ya ayuda a personas con movilidad reducida a través del acuerdo entre la Fundación del FC Barcelona y su Área Social con la Creu Roja. En cada partido jugado en el Camp Nou, voluntarios de la Creu Roja van a la casa del socio que no puede desplazarse por sí mismo y es ayudado a ir al Estadi. Es la campaña 'T'Acompanyem".

Ya ha cumplido seis años y ha hecho felices a más de 7.000 socios del Barça con movilidad reducida.

"Lo que hace grande al Barça no son solamente sus éxitos deportivo, sobre todo que no tiene un único propietario. Su misión no es ganar dinero, es transmitir sus valores a través del deporte y eso se demuestra con nuestra conducta y nuestros actos", concluye **Emili Rousaud** quien, como directivo azulgrana, también forma parte de la Comisión del Espai Barça, el gran reto patrimonial del club.

Este colectivo tiene todo el derecho a poder disfrutar del Camp Nou como el resto de socios

Demostramos los valores que tenemos como club a través de nuestros actos y acciones

NOMBRE APELLIDO

ASÍ LO CONTEMPLA EL PROYECTO ESPAI BARÇA

"El nuevo Camp Nou será el estadio más inclusivo del planeta"

Durante la entrevista que Emili Rousaud concedió a SPORT para hablar de este nuevo proyecto, surgió la inminente puesta en marcha del nuevo Camp Nou dentro del Espai Barça: "Tendremos, sin duda, el campo de fútbol más inclusivo del planeta". Así de contundente se manifestó. Y lo justifica: "Será un estadio no solamente sostenible, eficiente energéticamente y una maravilla desde el punto de vista tecnológico, también será un 'smart space' donde uno de los colectivos más beneficiado de todos esos adelantos serán, precisamente, los que sufren algún tipo de discapacidad. El nuevo Camp Nou está pensado, también, para que cualquier persona en silla de ruedas pueda acceder fácilmente a su ubicación con la garantía de que nada ni nadie podrá interrumpir su campo visual. A través del móvil habrá descripciones e indicaciones para las personas ciegas, así como toda una señaléctrica en todo el Estadi para quienes tengan disminución de agudeza visual. Nos comunicaremos con lenguaje de signos y braille con nuestros socios y aficionados sordos, también a través del móvil. Todos estos adelantos se implementarán igualmente en el Estadi Johan Cruyff".

ario : FRIEROS, TONI / F: 10 / C: 10 / N_SPORT / Catalunya / Idioma : Castellano / 15/07/2018 0:00:00 / Fecha Impresion : 14/07/2018 20:12:02

Diario *Sport*, 15 julio 2018. Una de las mayores satisfacciones de Emili Rousaud en el Barça es el apoyo al deporte inclusivo.

▼ 2019

Emili Rousaud, consejero delegado de Factor Energía

Emprendedor antes del boom

DOLORS ÁLVAREZ
Barcelona

KIM MANRESA

Emili Rousaud en su despacho, en la Diagonal de Barcelona

Emili Rousaud (Barcelona, 1966) es un emprendedor *avant la lettre*, que con 33 años irrumpió en un negocio tan anquilosado como el eléctrico y anticipó un negocio que entonces ni siquiera estaba identificado. Factor Energía (en sus inicios Energy Factory Group) fue la primera comercializadora independiente de electricidad de España y se creó aprovechando una primera legislación de apertura del mercado, que empezó con las grandes empresas consumidoras y se fue extendiendo hasta llegar a las familias.

"Fui emprendedor cuando esa palabra no se utilizaba ni estaba vinculada al aura glamurosa y de innovación que adquirió después", recuerda. Hoy hay un centenar de comercializadoras, pero cuando nació Factor Energía, hace 20 años, era un mercado por explorar. "Hubo quien me reprochó no tener pedigrí eléctrico, y hasta el Ministerio de Industria nos dijo que la liberalización no estaba pensada para empresas como la nuestra, sino para las eléctricas tradicionales con la idea de que empezaran a competir en precios". Y cuando los promotores de Factor Energía acudieron a Catalana d'Iniciatives en busca de apoyo financiero, su proyecto fue rehusado amablemente, con el argumento de que el futuro estaba en internet. Como si internet fuera algo mágico y no un canal para hacer negocios, ya sea en el sector eléctrico o en el de la moda.

Después de licenciarse y cursar máster en Esade, Emili Rousaud tenía un buen trabajo en la agencia de comunicación y gestión de publicidad Bates, hoy integrada en el grupo WPP. A los 28 años ya era director financiero. "El problema es que cuando a esa edad llegas a un cargo de ese tipo te das cuenta de que ya no te queda demasiado recorrido. Estaba bien pagado, pero tenía más inquietudes", recuerda.

Porque, según dice, "me hacía mucha ilusión ser empresario". Su padre tenía negocios en la industria auxiliar del automóvil, aunque la vocación le venía sobre todo del ejemplo de una tía bisabuela, una gran emprendedora que después de superar la guerra montó las tiendas de ropa Nelly, muy apreciadas en la alta sociedad, con establecimientos en Via Laietana y en la calle Serrano, en Madrid.

"Cuando creas una empresa asumes un riesgo económico, pero también personal, y lo fundamental es tener fe", admite. Él, por ejemplo, soportó con paciencia la "efervescencia" de sus compañeros de carrera, todos escalando en grupos internacionales, algunos que ya no existen como Arthur Andersen, y comprando torres en Sant Cugat. "Yo parecía el tonto, el que lo ha dejado todo para empezar de la nada, el que va en moto, el que tiene que vivir en Gràcia...". Y, además, mucha presión familiar porque "me exigía mucha dedicación". Pero con el tiempo llegan las satisfacciones: "Hoy tenemos 300 empleos directos y casi 700 indirectos".

Rousaud emprendió la aventura de Factor Energía acompañado de su hermano Román y de Jordi Ricou, amigo desde el colegio. Por diferentes motivos, los dos acabaron dejando el proyecto. El socio que aporta músculo financiero a Factor Energía ha cambiado varias veces: primero fue Copcisa, luego Iberdrola, de nuevo Copcisa... Hasta que hace dos años se alcanzó la estabilidad actual con el fondo de pensiones del estado canadiense de Ontario, con un 50%, el fondo estadounidense JZ International, con un 25% y Emili Rousaud con otro 25%.

El último plan de expansión ha permitido alcanzar ya una cifra de negocio cercana a los 400 millones de euros. El siguiente paso podría ser salir a cotizar en el mercado alternativo bursátil (MAB).

"No se puede salir a bolsa sin ganar dinero y sin tener al menos una cifra de negocio de 1.000 millones"

"Pero no como estamos, hay que ganar tamaño. No se entiende que algunas empresas vayan al mercado sin ganar dinero y sin tener un volumen de al menos 1.000 millones. Sólo se explica si los socios están ansiosos por hacer caja", razona. "Factor Energía lleva ya 10 años consecutivos ganando dinero y aun así pensamos que antes de salir al mercado hay que llegar a los 1.000 millones de euros, lo que esperamos conseguir en cinco años", añade. "En dos años no se hace una gran empresa. Yo he tardado 20", concluye antes de pronosticar que en breve puede verse un proceso de consolidación en el sector de las comercializadoras.

Como empresario, dice que le gustaría ser recordado por haber contribuido a la lucha contra la crisis climática. "Era uno de nuestros primeros objetivos y por eso ahora nos estamos volcando en impulsar el autoconsumo".

En el ámbito institucional, su actividad también es intensa. Vicepresidente de Pimec, vocal en el pleno de la Cambra de Comerç de Barcelona y miembro de la junta del Barça. Se declara muy barcelonista, aunque durante un tiempo Factor Energía tuvo palco en el Bernabeu. "Allí queda muy bien invitar a alguien a ver un partido. En Madrid funcionan de otra manera, las relaciones personales son muy importantes en los negocios", señala.●

Dolors Álvarez entrevistó a Emili en 2019: «Fui emprendedor cuando esa palabra no se utilizaba ni estaba vinculada al aura glamurosa». Una conversación en la que recuerdó que crear una empresa es asumir riesgo económico, personal y lo fundamental, es tener fe.

Factorenergia celebra el 20è aniversari

Factorenergia ha celebrat el 20è aniversari amb una gran festa a la sala Bling Bling de Barcelona, en un acte que va reunir divendres destacades personalitats del sector empresarial, institucional, social i esportiu. La companyia, fundada per Emili Rousaud el 1999 com la primera comercialitzadora d'energia independent nascuda al mercat liberalitzat a Espanya, manté la seva aposta per la sostenibilitat, l'eficiència energètica, l'autoconsum, el servei al client i la transparència.

Foto de la celebración del 20 aniversario de Factorenergia publicada en *La Vanguardia*.

Por qué España podría convertirse en un paraíso para las renovables antes de lo que pensamos, según un catedrático de la visionaria Singularity University

BUSINESS INSIDER

El CEO de Factor Energía, Emilio Rousaud y el catedrático de la Singularity University, Ramez Naam en la jornada Factores de Futuro

Lidia Montes
25 jun. 2019 8:16h.

Compartir

La transición energética es imparable y España está llamada a ser una potencia energética. El catedrático y decano de energía de la Singularity University de California, Ramez Naam, ya dio en 2019 las claves del futuro energético de nuestro país en una conferencia organizada por Factorenergia.

Factor Energía baraja la salida a Bolsa y duplica su beneficio

ELECTRICIDAD/ Rousaud ve el Continuo como "una alternativa muy interesante" cuando la empresa facture mil millones.

Artur Zanón. Barcelona

Factor Energía ha marcado la salida a Bolsa como uno de sus objetivos a medio plazo, una vez consiga alcanzar los mil millones de euros de facturación, más del doble que ahora. La compañía aspira a obtener esta cifra de negocio en 2024. "La idea en este momento es llegar a mil millones y entonces salir al Continuo, ese es nuestro objetivo", apunta el director general de la compañía, Emili Rousaud, consciente de que antes pasarán "dos, tres o cuatro años".

El empresario descarta la opción de acudir antes al Mercado Alternativo Bursátil (MAB), parqué en el que debutó Holaluz el pasado viernes. Además de Naturgy, la otra compañía con sede operativa o social en Catalunya del sector de la energía que también cotiza en Bolsa es Audax Renovables.

"Una posible alternativa muy interesante es el Continuo; lo que sí tendríamos para entonces es un historial importantísimo, que otras empresas no tienen, ya que llevamos quince años ganando dinero y sabemos manejar los riesgos del precio" de la energía, añade Rousaud, que controla el 25% de la compañía. El resto del capital está en manos del fondo canadiense Ontario (50%) y del británico JZI (25%), que rotó el instrumento con el que vehicula su participación.

Elena Ramón

Emili Rousaud, fundador y director general de Factor Energía.

El ejemplo de Portugal

Factor Energía entró el pasado junio en Portugal con la compra del 75% de Enforcesco, que opera bajo la marca YLCE. El resto del capital corresponde a los fundadores. La firma factura unos 30 millones de euros y tiene 11.000 clientes. La operación se cerró por unos cinco millones de euros. Tras el acuerdo, Factor Energía está trabajando en el "desarrollo tecnológico y la orientación de negocio para convertirla en una comercializadora importante", expone Rousaud, quien afirma que para llegar a la meta de facturar mil millones en 2024, Factor Energía recurrirá a adquisiciones en España y el exterior. "Pero sin prisas", matiza. Colombia es uno de los mercados que analiza.

Movimientos en el capital

Rousaud considera que no habrá movimientos en el capital antes de dos o tres años. El actual principal accionista entró a finales de 2017, cuando tanto el fundador como JZI redujeron su exposición en Factor Energía.

La compañía se muestra satisfecha de la evolución de este ejercicio, en comparación con un 2018 en el que frenó el crecimiento por la erosión de los márgenes. En 2019 ha ayudado que la compañía tuviera "buenas coberturas" para garantizarse pocos desvíos en el precio de la energía.

La comercializadora prevé cerrar este ejercicio con un ebitda en torno a los 15 millones de euros

Factor Energía espera "acercarse" a los 500 millones de facturación, frente a los 386 millones de 2018, y multiplicará por dos su beneficio bruto (ebitda), hasta los "14 millones o 15 millones"; un millón de euros del ebitda procederá de 2019 de la venta de gas, segmento en el que desembarcó hace dos años. La comercializadora está centrada en vender energía a pymes y pequeños negocios, sector en el que tiene unos 75.000 abonados, y también está creciendo en el segmento residencial, ámbito en el que ahora tiene unos 30.000 clientes.

La compañía está en pleno proceso de internacionalización. Primero fue en México y recientemente, también en Portugal. En el país norteamericano ha comenzado a vender energía a sus primeros clientes. Actualmente tiene una participación del 50% en la filial; el resto corresponde a varios socios locales. Según Rousaud, Factor Energía estudia la entrada de otro socio, probablemente a través de una ampliación de capital para impulsar la compañía.

"En México no se puede crecer tanto como en España, pero tenemos mucha confianza por las grandes posibilidades del país", añade el fundador de la empresa, que tiene cerca de 400 empleados.

La salida a Bolsa, la exclusiva que todo diario económico que se precie busca. *Expansión* se hizo eco a finales de 2019 de los planes de la compañía en el parqué para seguir creciendo.

▼ 2022

Las grandes pasiones de Emili Rousaud: Factorenergia, PIMEC y el Barça. Foto institucional en el terreno de juego con motivo de la cena y gala anual de PIMEC, a la que no faltó nadie. En la foto: Pedro Sánchez, Ada Colau, Pere Aragonès, Raquel Sánchez, junto a Antoni Cañete, Joan Laporta, José María Torres, Emili Rousaud y Josep González.

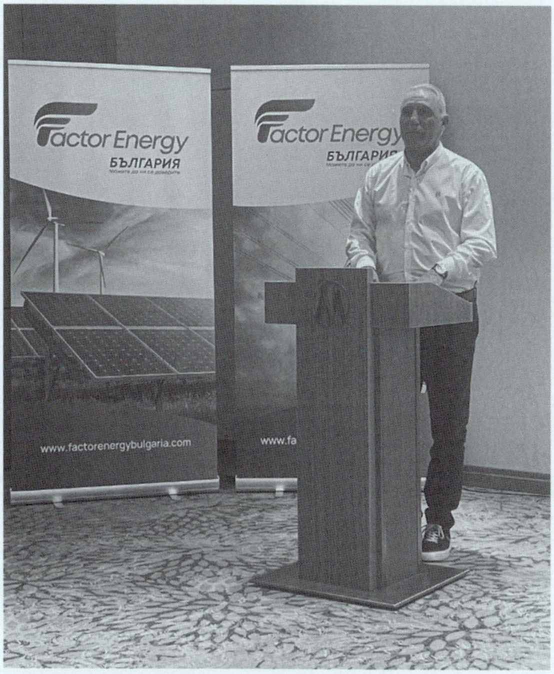

Presentación de Factor Energy Bulgaria de la mano de Hristo Stoickov, socio local de Factorenergia. La rueda de prensa en Sofía levantó enorme expectación.

Objetivo Chile. Factorenergia abrió en 2022 su cuarta filial internacional. Emili Rousaud junto al ministro de Energía, Diego Pardo.

▼ 2023

COMERCIALIZADORES DE ENERGÍA

Emili Rousaud, presidente de la asociación

■ La Asociación de Comercializadores Independientes de Energía (ACIE) ha nombrado a Emili Rousaud Parés nuevo presidente de la entidad. Rousaud participó ya en 1999 en la fundación de esta asociación que agrupa a los comercializadores independientes al margen de las grandes empresas energéticas. Rousaud es fundador y director general de Factorenergía. / Redacción

KIM MANRESA

Emili Rousaud

Presidente de ACIE. Impulsor, fundador de facto y presidente de la asociación de comercializadores independientes.

Otro aniversario, los 25 años de la ACIE, la Asociación de Comercializadoras Independientes de Energía presidida por Emili Rousaud, en 2023, con el reto de poner en valor el papel de la comercialización independiente y velar por la competencia y transparencia en el mercado.

Compromiso con la diversidad de capacidades. Desde los tiempos del Barça, Emili Rousaud se ha volcado volcado con este compromiso. Factorenergia patrocinó con todo entusiasmo el evento deportivo de Special Olympics.

Lanzamiento de la filial CreaEnergia en septiembre de 2023. Belén Esteban puso voz a la IA que atendía las llamadas de los clientes de la nueva empresa digital, transparente y sostenible. Belén captó la atención por su cercanía, familiaridad y carisma.

Nuevos reconocimientos. El diario La Razón hizo entrega, en junio de 2023, del Premio CEO del Año en el Sector Energético a Emili Rousaud en un gran evento en Madrid.

La innovación forma parte del ADN de Factorenergia. En Casa Seat, junto a Blockchain Digital Energy, presentaron el dispositivo que permite digitalizar por primera vez la energía e impulsar las comunidades solares a partir de la tecnología *blockchain*.

Factorenergia celebró sus 25 años en un gran evento en Barcelona acompañados por más de un millar de personas, entre plantilla, autoridades, sociedad civil y amigos. El ministro de Industria, Jordi Hereu, no faltó a la cita.

factorenergia